JN058914

教師のための教育学シリーズ **13**

教師のための教育学シリーズ編集委員会　監修

教育方法とICT

高橋 純

編著

EDUCATIONAL STUDIES FOR TEACHERS SERIES

学文社

執　筆　者

＊高橋　　純　東京学芸大学教育学部総合教育科学系教授 …序章～第3章, 第8章, 第9章

堀田　龍也　東北大学大学院情報科学研究科教授／

　　　　　　東京学芸大学大学院教育学研究科教授 ……………………………第4章

野中　陽一　横浜国立大学大学院教育学研究科（教職大学院）教授 ………………第5章

川上　真哉　国立教育政策研究所学力調査官・教育課程調査官 …………………第6章

佐藤　正寿　東北学院大学文学部教育学科教授 ……………………………………第7章

登本　洋子　東京学芸大学先端教育人材育成推進機構准教授 ……………………第10章

村上　唯斗　横浜国立大学教育学部附属教育デザインセンター助教 ……………第11章

中尾　教子　神奈川工科大学情報教育研究センター准教授 ………………………第12章

大村龍太郎　東京学芸大学教育学部総合教育科学系准教授 ………………………第13章

佐藤　和紀　信州大学教育学部附属次世代型学び研究開発センター准教授 ……第14章

（執筆順，＊は編者）

まえがき

　目の前の子供たちは，我々の世代よりも高い資質・能力が求められている。それは現在の初任者の方が，ベテラン教員が初任の時よりも，高い資質・能力を求められているのと同様である。常に必要とされる資質・能力は向上していく。それが人類の進歩とも言えるし，若い世代は常に苦労するのである。したがって，過去と同じ方法で学ぼうとすれば，時間や手間が一層必要となる。つまり，自分たちが学んだ同じ方法で指導すれば，子供たちに苦労をかけることになる。教育方法を時代に合わせてアップデートしていく必要がある。その一つは，ICT の力も借りた新しいチャレンジである。

　本書は，GIGA スクール構想によって，子供一人一人が情報端末をいつでも活用できる学習環境における教育方法を解説したものである。教職課程コアカリキュラムの変更に伴った「教育の方法及び技術」「情報通信技術を活用した教育の理論及び方法」に対応している。そのため，本シリーズ第7巻を改編し，新たに情報通信技術の活用に関する章を設けた。特に，子供一人一人に情報端末がある学習環境が全国の学校に整ったことを前提とした。ICT 活用を抜き出したり特別視したりせずに，よりよい教育方法の実現のために，ICT が当然のように活用されることを心がけて執筆がなされた。

　執筆には，第一線の研究者のみならず，教員経験者や学習指導要領の改訂や実施に内側から関わっているメンバーにもお願いをした。自分自身の教育方法をアップデートしたい方，教職を目指す方々へ向け，理論や専門的なことばかりではなく，実践的な力が養われるようにも工夫を行っていただいた。

　教職への夢を膨らませている読者にとって本書が，優れた専門性と指導力を備える一助になればと執筆者一同願っている。

2023 年 10 月

第 13 巻編者　高橋　純

目　次

第 II 部　指導計画や学習指導案作成の実際

Column

これからの授業づくりと ICT 活用

● 本章のねらい ●

　これからの授業づくりでは，多様な子供の多様なニーズに対応した指導が求められる。一斉指導などの単線型の授業から，子供も一人一人が学んでいく複線型の授業になるであろう。その際，教室に多くの子供たちのいるわが国では子供一人一台の情報端末といった ICT の力を借りることは前提となる。これらの実現には「授業観× ICT 活用観」が必要となるが，こうした理解を深めたい。

第1節　すべての子供たちが情報端末をもつことが授業づくりにもたらす意味

　2021 年度より，全国の小中学校の全ての児童生徒に一人一台の情報端末（パソコン等）が整備された。当初，4 年をかけて整備がなされる計画であったが，2020 年初頭からの新型コロナウイルス感染症の流行により，急遽，単年度での整備に変更された。わずか 1 年で整備された情報端末は，休校や欠席が続く学校において，遠隔授業などに早速大きな威力を発揮した。

　現在，求められているのは，単にこうした従来型の授業を映像で中継していくような ICT 活用のみならず，授業の本質に立ち返って，一層，授業を高度化していくための取り組みである。

　従来からの一般的な授業スタイルは，教科書や黒板といった少量で低速な

情報のやりとりに最も効果的に実施できるように，約150年にわたり先達たちが改善を繰り返したものである。この授業スタイルをそのままに，情報端末を導入しても，少し授業が改善する程度であることが多い。特にベテランで高度な指導技術をもっている教員にとっては，情報端末を不要と感じることもある。情報端末を活用せず，素手で行っても十分な授業が実施できると感じるであろう。

　しかし，従来の授業スタイルで十分なのであろうか。子供一人一人の興味・関心や，資質・能力の違いに十分に対応できているだろうか。多様な子供たちの多様なニーズに対応できているだろうか。このように考えれば，今の多くの授業は，単一の本時の目標を板書し，一斉に発問をして，一斉に子供たちは問題を解き，先生の指示で話し合い活動を始めたりする。いわゆる一斉指導が中心である。これに対応できない子供たちは，教室にいられなくなっている。つまり多様な子供たちの多様なニーズに十分に対応しているとは言い難い。加えて，子供に求められる資質・能力は年々高度化している。このように考えていけば，あらゆる授業づくりにおいてICT活用は前提といえよう。それは社会人が仕事で情報端末を当たり前に活用するのと同じである。

　従来のままに，一人の教員が35人の子供を指導しようと考えれば，一斉に伝達するのが精一杯な面もある。つまりは単線型の授業である。一方で，35人それぞれの子供のニーズに対応しようとすれば，35通りの複線型の授業を行うことになる。単純にいえば，35倍の情報量が教室内を行き来することになる。それを支えるのが情報を扱うための道具である情報端末といえ

よう。それぞれの興味に合わせた教材を提供したり，それぞれの成果を教員が把握することなどに使える。つまり，授業に本質的な変化を起こそうと思えば，単線型から複線型の授業に変化し，そ

図0.1　個別・協働・一斉に複線で学ぶ子供たち

れは何らかの ICT 機器がなければ，実現が困難であるとわかるだろう。つまり今や授業づくりに情報端末は必須なのである。写真は，愛知県春日井市の小学生が自らの判断で，個別にも，協働にも，一斉にも学んでいる様子である。それぞれの子供が，それぞれの課題意識に基づいて，それぞれのペースで学ぶために，それらの子供同士や教員が状況を把握するための情報端末が欠かせない。

　しかし，世の中はそう簡単には変わらない。一斉指導が当たり前すぎて，一斉指導は駄目だと頭ではわかっていながら，潜在的には一斉指導を起点に思考をしてしまう教員が多い。例えば，教員採用試験では模擬授業が行われるが，これは一斉指導が前提と言ってよいだろう。とはいえ，授業等において，一斉指導の時間や回数は減少するかもしれないが，一斉に指示や説明をする場面が完全に消滅することはない。したがって，本書で学ぶこれから教員になろうという諸君は，単線型の授業も，複線型の授業も自在にできるように学んでいく必要がある。両方を学ぶなんて大変だと思うかもしれない。しかし，ここでも本質が重要となる。本質的な理解が進んでいれば，これらに限らずさまざまな手法を上手に使い分けることも，時代の変化に合わせることもできる。その際，本書や，さらに専門的な教育方法等に関する理論への理解が下支えになるのである。

第2節　資質・能力と教育方法の関係

　教育方法は手段であって目的ではない。つまり，子供につけたい力（資質・能力）という目的に応じて，手段である教育方法を選ぶことになる。このための ICT 活用は手段になる。一方で，調べたり，まとめたり，伝えたりする力を意図的に育んだり，プログラミングや情報科学を学んだりする情報活用能力の育成における ICT 活用は目的となる。ICT 活用には，両方の性質があるので留意が必要である。また，「ICT 教育」という言葉が散見されるが，これは手段と目的としての ICT 活用の両者の意味が含まれている。こうし

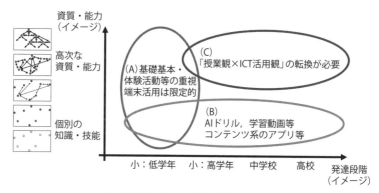

図 0.2 「資質・能力×発達段階」と ICT 活用

（出所）高橋（2023：80）に加筆し作成

たことから，文部科学省では，手段の場合は ICT 活用，目的の場合は情報活用能力の育成と区別して記述されていることが一般的である。本書でもこの表記で進めたい。

そのうえで，目的と手段の関係を理解するために，教育方法として特にICT 活用を取り上げ，資質・能力（目的）と情報端末の活用（手段）を**図 0.2**に示した。縦軸に資質・能力，横軸に発達段階を示した。

A 領域は，小学校低学年にあたる。発達段階から考えても，まずは基礎基本の指導や体験活動が重視されるであろう。情報端末の活用は，写真を使った簡単なプレゼンテーションやカメラ機能など，限定的に考えるべきで，A領域は従来通りの教育方法が中心となるであろう。

B 領域は，入試で出題されるような誰が採点しても同一に正誤が判定できるような「個別の知識・技能」を習得する。あるいは，給食の配膳，下駄箱の指導，漢字や計算なども相当する。従来，一斉指導による授業，ドリルやワークシート等による複線型の学習が多く見られてきた。この領域については，AI を活用したドリル教材や有名講師による学習動画などの教材・学習材系のアプリによる学習の発展が著しい。こうした入試対策的な学習内容の多くは，近い将来，アプリ等に置き換わっていくであろう。

C 領域は，思考力・表現力・判断力等などの「高次な資質・能力」の育成

を行う。このためには子供自身が，自ら興味・関心をもち，試行錯誤を繰り返しながら学んでいく必要がある。学習成果はレポートや作品等となり，一つに定まる性質でないことから，教材・学習材系アプリによる学習が不可能であることも表している。つまり，この領域こそ，教員としてしっかりと指導力を発揮すべき領域である。すでに述べたように授業観の転換も求められる。その際，社会人が問題解決等を行う際と同様に，ワープロやプレゼンソフトといったツール系アプリを前提として活用していくことになる。ただ，同じワープロソフトでも，最新のクラウドにフル対応できているとか，新しい ICT 活用観に対応していくことも重要になる。

このようにつけたい力によって教育方法は変わるのである。もちろん一斉指導が不要になるわけではないが，一層，高次な資質・能力の育成が求められている現状や，ICT 技術の発達などの将来を考えれば，特に C 領域での指導力が必要である。

第 3 節　本質から授業づくりを考えるとは何か

図 0.2 でいう C 領域，つまりは高次な資質・能力を育成にする複線型の授業を，どのように実現していけばよいのか。ここでも考え方が転換できるかどうかが重要である。

例えば筆者は多くの現職教員から，複線型の授業はどのように実現したらよいですか？　ICT を活用した授業とはどのように実現するのですか？といったハウツー的な質問を受けることは多い。数多くの学校の授業改善の取り組みと関わっているが，このような質問を繰り返す学校において，子供が主体になった授業，複線型や ICT が効果的な授業が実現したことはほぼない。こうした問いによる授業改善は，もう数十年は繰り返されてきて，今がある。

B 領域の「個別の知識・技能」のように正誤が判然とするような知識・技能の指導であれば，それらはわかっている答えをわかりやすく教えればよい

のだから，授業づくりや指導法のマニュアル化が可能であり，教師として，これらをいかに早く吸収し，質を高めるかがポイントとなる。したがって，学習塾が，チェーン展開しても品質が保たれるのは，主にB領域の資質・能力を対象にしており，マニュアル化が可能だからともいえる。

　しかし，C領域は，子供ごとに異なる興味・関心に対応し，それぞれ異なる成果について指導をしていくことになる。学習内容だけではなく，学び方も指導していく。とはいえ，真の意味で学び方を指導していくとは簡単ではない。子供は，指示されなくても，自然と自分なりの学び方を発揮できるようにしていく必要がある。そして，答えが一つではないのだから，当然，指導法も一つではない。若い教員と，ベテラン教員でも，当然，指導法は異なるであろう。教員自身が，学び続け，探索的に，試行錯誤しながら，自分の個性を活かした最も得意な指導法を身につけていくしかない。

　そこで，まずは，授業づくりについて，あなた自身の教師としての信念を定めることをお勧めする。仮にAIが教えるような時代になっても，揺るぎないような大きな信念である。これを目標に自ら切磋琢磨するのである。

　例えば，生涯に渡って能動的に学び続ける力を子供たちに育みたい，それらについて子供一人一人を主語にしっかりと育みたい，などである。

　何か，新しいことに挑戦しようとしたり，迷ったりしたら，どの方法がより学び続ける力を育むことになるのか，より一人一人が主語になるのかと，問い続けるのである。例えば，生涯にわたって学び続けると考えれば，歴史の授業であれば，単に歴史的事項を指導するだけではなく，あらゆる時代の学習に通底する学び方や見方・考え方等も指導していくことになる。学び方は教え込んでも無意味である。どうしたらよいかと教員それぞれが考えていくのである。また，子供一人一人が主語と考えれば，まずは子供の実態を即時かつ常に把握していきたいと考えるであろう。クラウドを活用した協働編集機能等を使って常に実態を把握していこうと思うであろう。大きな信念に基づいて，次々と授業づくりで創意工夫を行い，自分なりの新しい授業スタイルを作っていくのである。

　こうした試行錯誤の際に必要となるのは，教育方法等の理論である。従来

型の授業はマニュアル化が可能であり，ハウツーとして先輩から学んで真似をすればよかった。しかし，先にも述べたように，こうした新しい授業づくりは，子供と教師の個性によって実現の仕方が異なるといったことから，こうしたハウツーを身につけるだけでは授業づくりができない。しかし，さまざまな授業の形態があり得るが，ベースとなる理論に共通項が見られることが多い。言い伝えや勘で行うのではなく，本書やさらに専門書を読み進めて理論に基づいて，創意工夫していくことが求められる。

第4節　授業づくりとデジタルトランスフォーメーション

　これまで述べてきたことは，授業観の転換が必要ということである。しかし，授業観の転換が必要というのは，もう何十年も前から話題であるが，なかなか大きな変化はもたらされていない。授業観が変わった教員たちの様子をみると，やはり精神論のみでは転換は難しく，何らかのツールや体験が必要であることが多い。そうした外部からの継続的な刺激に影響されて，徐々に授業は変わっていく。こうしたとき情報端末はよき刺激になる。つまり，子供一人一台の情報端末が整備されたことにより，授業観の転換が求められると同時に，情報端末から刺激を受けて自らの授業観の転換が起こるイメージである。「授業観×ICT 活用観」という両者の相互作用になる。

　この際，ICT 活用にも歴史があり，古い活用を行っていないか点検が必要となる。つまり ICT 活用観も転換が求められる。

　ICT 活用観として，例えば，デジタルトランスフォーメーション（DX）といった感覚が求められる。DX とは，人々のこれまでの営みを単に ICT へと置き換えるものではなく，その対象を根底から変化させ，革新をもたらすものとされている。このように常に考えていくことが重要となる。

　毎日，ICT を活用して仕事をしているからといって，それが DX につながるかといえば，そうではない。例えば，しばしば紙と ICT を比較して，どちらの方が効果的かといった議論が大まじめに行われるが，DX の観点を

もっていれば，そもそも比較にならないと思うであろう。

　授業よりも社会の方が先行してこうした問題に直面しているので，その例を取り上げよう。2021 年 3 月 19 日の読売新聞によれば「紙の手帳にスケジュールを書き留めると，タブレットを使う時よりも短時間で記憶でき，記憶を思い出す時には脳の活動が高まっていることがわかったとする論文を，東京大などの研究チームが発表した」と報じられている。しかし，これはタブレットを活用したスケジュール管理の本質を考慮していない記事といえる。一般に，なぜタブレット，つまりはクラウドでカレンダーを管理するかといえば，スケジュールは共有するものであるからである。単純に個人のスケジュール全体を家族や同僚などの他者と共有する意味もある。それだけではない。個別の予定には大抵，他者がいる。誰かと会議をしたり会ったりするための予定である。仕事の締切であっても締切を決めた他者がいる。個別の予定ごとに他者と共有すべきなのである。クラウドによるカレンダーでは，一人が予定を書けば，必要な相手のカレンダーにも書き込まれ，ここに予定のみならず，会議のアジェンダとか議事録など必要な情報も次々と書き込まれ共有されていく。そもそも，時間が近づいたらアラートも出してくれるし，他者と共有しているのでスケジュールの聞き間違い，書き写しの間違いを防ぐことができる。紙の時ほど予定を記憶していることは重視されないのである。これにより従来と比較して，多くの予定を秘書なしで管理できるようになった。

　つまり，クラウドによるスケジュール管理は，紙の手帳の単なる置き換えではないのである。そもそも紙とデジタルの重なりの部分だけを抽出して，比較したり，考察したりしても，ICT 活用の本質にたどり着くことは困難である。しかし，授業づくりと同様に，多くの人々にとって，スケジュールの管理への考え方そのものは，従来の紙に最適化され，慣れており，意識に潜在的にすり込まれている。その結果，一部分だけをデジタル化するといった部分最適的な考え方に狭窄してしまう。

　ここでも本質的に何が必要なのかと考えるべきなのである。そもそも人と人が確実に出会い，会議等を行うことが円滑に行われるにはどうしたらよい

のかといったことである。考えるべきは，単にスケジュールを記憶しやすいかといった程度ではないのである。

　授業づくりにおいての ICT 活用についても，伝統的に授業で重視されてきたからといって，それが ICT 活用を前提にした際にも重要であるかどうかはまた別である。単純に従来型の授業の一部を ICT に置き換えても意味が小さいことが大抵である。あなた自身の信念や，本質的な面から，再考し，ICT 活用もまた検討していく必要がある。

第5節　過渡期的な状況に対応する

　GIGA スクール構想で整備された情報端末について，国は1台あたり4万5千円で予算化した。これは，クラウド技術をフル活用すること，Google Workspace や Microsoft 365 などの社会で一般的に活用するソフトウェアを活用することを前提として決められた。GIGA スクール構想の端末整備の指針となった文部科学省「GIGA スクール構想の実現 標準仕様書」には，「学校向けの特別な仕様である必要はなく，一般向けのソフトウェアで十分である」と示されている。つまり，従来のように学習専用ソフトウェアを活用するのではなく，教員の校務と，子供の学習における情報端末の活用方法を相似形にすることにより，予算を減らし，教員研修の回数を減らし，子供たちに，社会に出ても直接役立つ，経験を提供することを意図している。

　しかし，一昔前の ICT 活用の専門書には，学習専用ソフトウェアが必要であるなどと，真逆のことが書いてあることもある。それほどクラウド技術の出現というのはインパクトがあった。文部科学省は「全く新しい ICT 環境」と説明している。ソフトウェアもデータも両方ともクラウドによって集中管理することで，低スペックの安価なコンピュータでも十分な活用ができ，管理や年次更新などの手間を低減したことを狙った。これらによって共同編集が自在にできるなど，新しい活用法も生まれている。さらに近い将来，生成 AI などによって従来の常識が変わっていく可能性もある。本書に書かれて

いることも古くなるかもしれない。

　GIGA スクール構想では三つの OS が，自治体の判断で導入されたが，それらの基本設計の時期を考えてみる。1990 年代はパーソナルコンピューティング時代であり，この時に基本設計され誕生したのが WindowsOS と考えられる。2000 年代はモバイルコンピューティング時代であり iPadOS と考えられる。2010 年代はクラウドコンピューティングの時代であり ChromeOS と考えられる。

　同じ GIGA スクール構想で整備された情報端末であっても，基本設計の時期に 20 年程度の差がある。もちろん時代に合わせたバージョンアップは繰り返されているが，誰もがスマホと Windows 等の操作感は違うことを実感しているように違いはある。さらに先を行くのがクラウドを前提にした ChromeOS も選択肢にある。クラウドでは，高度にセキュリティを集中管理ができるうえに，情報の共有が圧倒的に高速で手軽になっている。

　ICT 活用観も，どの時代に開発されたものを活用するかによって大きく変化し，新しい場合，従来の常識が覆されることも多い。ICT にも歴史があり，単に環境を整備し，活用すればよいわけではないこと，自分がイメージいている活用法は古くないかといった点検が必要になるのである。さまざまな先行実践を参考にする場合や，自らが授業づくりをする際などに，こうした特徴に配慮する必要がある。

［高橋　純］

● 考えてみよう！

▶ あなたの教師としての信念は何か。
▶ 多様な子供の多様なニーズに対応するためには，どのような工夫が必要であろうか。
▶ ソフトウェアとデータが端末内に保存される情報端末と，クラウドで集中管理される情報端末では，どのような違いがあるだろうか。

第Ⅰ部

教育の方法と ICT

第1章

教育方法・技術の理論

―●　本章のねらい　●―

　教育方法・教育技術を学ぶ意義や両者の関係，教師に必要な知識，教育方法学の歴史的変遷，授業設計の理論，学習目標の考え方等の基本的なことについて理解をする。

第1節　教育方法・教育技術を学ぶ意義

1．授業づくりに関する知識や技能の重要性

　優れた選手が，優れた監督やコーチになれるとは限らない。よくいわれるセリフである。つまり，国語や数学が得意なだけでは，上手に教えられるとは限らない。それでは加えて，授業への情熱や子供への愛情さえあれば，うまく教えられるのであろうか。沼野一男（1986）は，次のように述べている。

　　……釜石で私が学んだことは，教師は子供に対する愛情だけでできる仕事ではないということである。先生になりたいと思うほどの人ならば，誰でも子供への愛情は持っているであろう。私にしても子ども達への愛情に欠けているとは思わない。しかし，それだけではよい教師とは言えない。教師には子ども達に確実に学習を成立させる知識と技術がなければならない。同じく義務として

> 学校に通わされているのに，ある子供はベテランの教師の指導を受け，ある子供は未熟な教師に教わらなければならないとすれば，少なくとも私のような未熟な教師に教えられる子供は不幸である。……
> （沼野 1986：188）

　沼野は，確実に学習として成立させる「知識」と「技術」が必要であると述べている。本書はこのためにある。さらに，「確実に学習として成立させる」という言い方は，あたかも教師主導であり，子供の主体性や自由を奪って指導するように感じるかもしれない。しかし，本当に学習指導の知識や技術のある教師は，子供を自由に主体的に学ばせつつ，あるいはそのように感じさせつつも，しっかりと学習として成立させることができる。知識や技術とはそういうものである。

　木原俊行（2004）は，教師の授業力量について，三層モデルで表している（図1.1）。中心にあるのは，教師の信念である。誰もが，教師として子供の成長を願い，こう育みたいという信念があるだろう。信念によって，授業づくりに必要な知識や技能が影響を受けるのは間違いない。そして，信念を実現するためには，授業づくりに関する知識や技能が欠かせない。しかし，沼野も同様に示すように，信念だけでは授業力量として十分ではない。そこで，教師を目指すものは，授業づくりに関する教育方法や技術を学ぶのである。

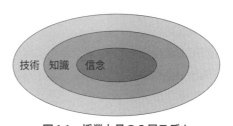

図1.1　授業力量の3層モデル
（出所）木原（2004：254）

2.　教師に必要な知識とは何か

　吉崎静夫（1988）は，授業についての教師の知識領域を図1.2のように三つに整理している。①の教材内容についての知識とは，教材の中心的概念や概念間の相互関係などである。教科に関する知識とも換言できよう。②の教授方法についての知識とは，「導入・展開・まとめ」といった学習過程，

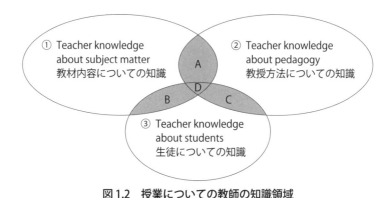

図 1.2　授業についての教師の知識領域

(出所) 吉崎 (1988：13)

問題解決学習といった学習指導法など，教育方法や技術に関する知識である。
③の生徒についての知識とは，発達段階による子供の認知的・情意的な特徴
など，心理学などの知識のことといえる。

　さらに知識には重なりがある (図1.2の **ABCD**)。実際の学習指導場面では，
三つの重なりである **D** の知識が用いられることが多い。例えば，ある学習内
容について，すでにもっている子供の誤った考え (誤概念) を適切な方法で考
え直させていくようなことである。真空状態では，鳥の羽とビー玉は同時に落
ちるという知識を教えたとしても，子供の日常の生活体験からは理解しにくい。
こうした「教材内容についての知識」や「生徒についての知識」に加えて，そ
れらに対応した「教授方法についての知識」も身についていることが大切である。

　三つの重なりを深く理解するためには，二つの重なりへの理解も欠かせな
い。教材内容と教授方法の二つの重なりである知識 **A** は，ある教材を教え
るには実験が適切であるといった知識である。教材内容と生徒に関する知識
B は，子供がすでにもつ誤概念やつまずきやすい学習内容に関する知識であ
る。教授方法と生徒に関する知識 **C** は，子供のさまざまな特性やニーズに
応じた指導法といった知識である。

　教職を目指すものにとっては，高校までで国語や数学といった教科の内容
といった ① に関することの多くは学習してきている。一方で，教育方法や

教育技術といった ② に関することや，心理学といった ③ に関することは，大学に入学してから初めて学ぶことになる。本書では，特に ② をターゲットに解説を行っており，必要に応じて ③ にも触れる構成となっている。

3. 教育方法と指導技術の違い

　指導技術とは発問の仕方，指名の仕方，マルのつけ方などである。すべての教員にとって，基礎基本として必ず習得すべき事項である。一つひとつは，学べば，すぐに役立つ即効性が高く，教員として基本的な教授スキルである。初任の教員は必ず最初に学ぶべきである。

　こうした指導技術を学ぶことも，狭義な教育方法の学習の一つといえるが，これだけで新しい時代に対応することは困難である（吉崎 1997：8-9）。最終的には，根本的な教育方法を学んでいく必要がある。例えば，「主体的・対話的で深い学び」に関する指導法は，教育技術としてハウツーのように記述することは難しい。ハウツーとして捉えると，ただ対話させるだけ，見た目に主体的に活動させるだけ，といった授業になりがちである。こうした教育方法は「考え方」や「概念」に近いからであり，広義の教育方法と捉える必要があるからである。

　つまり，教育方法の一部分に，指導技術があると考えるとわかりやすい（図1.3）。指導技術が役立つからといって，そうしたハウツーばかりでは，いずれ行き詰まる。その際に役立つのが，広義の教育方法である。しかし，これは「考え方」や「概念」に近いことからも，すぐには身につかない。教師になっても長年にわたって学び続ける必要がある。こうした特性を理解して，常に教育方法も教育技術もバランスよく学んでいくことが望ましい。

図1.3　教育方法と指導技術

第2節　教育方法学の歴史的変遷

　教育方法の学習を進めていくと，フレーベル，デューイなど，歴史上の人物が繰り返し話題となり，それに基づいて研究が進んでいることが多いことに気づく。これだけ時代が進んでいても，なお参照されている。不思議なようであるが，教育方法に関するさまざまな基本的な考え方は，かなり以前に確立していることが多く，それらを論じた人物の業績が今なお参照されている。

　教員として経験を積めば，さまざまなことがわかる。よき教育方法を自らが発見したと思うことも多い。しかし，それは歴史上の偉人によって論じられていたりすることが多い。そこで，歴史から理論の発展を知り，それを自分自身の実践知と組み合わせることで，さらに優れた実践者になることができる。

　近代の教授学，すなわち教育方法の成立は，17世紀のコメニウス（J. A. Comenius）による『大教授学』に求めることができる（佐藤 1996：10-11）。「あらゆる人にあらゆる事柄を教授する普遍的技法」として，現在の学校の同一学年による入学，同一の内容といった仕組みを構想した。また，子供のための挿絵付きの『世界絵図』を著した。これは，世界最初の子供向けの教科書あるいは百科事典といわれ，言葉を事実のイメージの表象とするコメニウスの認識論，つまり，知識は文字から学ぶよりも，事物やそのイメージを通して学ぶ方が有用であるという主張を表している。

　19世紀に近代学校とその授業の成立が，ヨハン・ハインリヒ・ペスタロッチ（J. H. Pestalozzi）によって成し遂げられたとされる。ペスタロッチは，言葉の真の意味における「体験の教育学（直観教授）」，社会の虐げられた貧しき者の救済という「救世済民の教育学」といった思想をもち，真の生命と人格の陶冶は幼き日に企図するほかはないと考え，児童を対象とする「基礎教育の理念」の探究に生涯を捧げた（ペスタロッチー 1993：142-143）。それらを幼児教育に発展させたのはフリードリヒ・フレーベル（F. W. A. Fröbel）であり（小笠原 2000：53-59），教育学として体系化したのは，ヨハン・フリードリヒ・ヘルバルト（J. F. Herbart）とされる（稲富 1972：11-14）。

　この間の能力観には，17世紀のジョン・ロック（J. Locke）による，人の心には何らかの生得的観念が刻まれているのではなく，生まれながらの人の心は「白い画板（タブラ・ラサ）」である（田中ら 2012：15）がある。また，ラテン語や数学などにより推理や想像などの精神作用を高めるといった汎用的な能力の育成を目指す「形式陶冶」の考え方も生まれた。知識や技能の習得による精神内容を豊富にする「実質陶冶」よりも，「形式陶冶」を重視した当時の中等学校の教育の原理となった。

　18世紀の思想家ジャン－ジャック・ルソー（J. -J. Rousseau）は，『エミール』において，「万物をつくる者の手をはなれるときすべてはよいものであるが，人間の手にうつるとすべてが悪くなる」と示した（ルソー 1962：27）。そこで，子供の自発性を重視し，自然な成長を主眼とした教育論を展開した。

　19世紀に確立した学校教育は，20世紀になると画一性などから批判されるようになった。そのようななか，ジョン・デューイ（J. Dewey）は，シカゴ大学に実験学校（デューイ・スクール）をつくるなど，教育の中心を子供に移し，作業や経験を基礎とし，共同で探究的に学ぶ学校づくりを志向した。こうした取組みは，『学校と社会』にまとめられている（デューイ 1957）。

　20世紀に入ると，科学的な研究成果により，教育方法学は大きく発展している。ラルフ・タイラー（R. W. Tyler）は，カリキュラムと授業の「計画」と「評価」を理論化した（佐藤 1996：26-27）。「計算ができる」といった観察可能な行動を言語化して数量的に評価する「行動目標」の考え方を示した。こうしたシステム的なカリキュラムや授業づくりは，「タイラーの原理」と呼ばれる。

　ベンジャミン・ブルーム（B. S. Bloom）は，「教育目標の分類体系（タキソノミー）」を構築し，「認知領域」「情意領域」「精神運動領域」の3領域に分け，系統的・段階的な教育目標の体系づくりを行った（梶田 2002）。また，学習評価について，学習の過程で学習指導の見直しのために行う「形成的評価」，学習能力の個人差は，個々の学習にかかる時間差であるというキャロルの時間モデルに基づく「完全習得学習」の理論などを構築した。

　旧ソビエトのヴィゴツキー（L. S. Vygotsky）は，「発達の最近接領域」を示し

た（柴田 2006：26-27）。これは，子供が一人でできる領域と，誰かの手助けなどを得ればできる領域があるという概念である。さらに，ブルーナーは，「足場かけ」として，本領域を道具や言葉によって支援を行うことを示し，一斉指導形式の授業から，個別的な学習指導に転換する際の基礎的な理論となった。

　J. S. ブルーナー（J. S. Bruner）は，『教育の過程』において，「どの年齢のだれに対しても，どんなものでもそのままなんらかの形で教えることが可能である」と主張し，「らせん型教育課程」など，カリキュラムの編成原理を示した（ブルーナー 1962）。「教育の現代化運動」を方向づけるものとなった。

　以上のような歴史的な主張は，今でも受け入れられているかどうかは丁寧に見極めていく必要がある。例えば，実質陶冶と形式陶冶のどちらが有用であるかはしばしば論争の対象となっている。例えば，20 世紀に入り，教育評価の父とされるエドワード・ソーンダイク（E. L. Thorndike）は，形式陶冶に科学的根拠がないことを示した。現在，汎用的認知スキルのような形式陶冶的な方法ではなく，所有する領域固有の知識を存分に発揮するモデルも示されている（奈須 2014：62-63）。

第 3 節　授業設計の理論

1. 授業づくりでは

　授業を行う際には，①学習内容や教材の選択といった「教材研究」，②学習目標の設定や授業展開の検討といった「授業設計」，③教員の発話（指示・説明・発問），板書や評価といった「授業の実施」といったステップが考えられる。このうち，本節では授業設計について取り扱う。

2. 授業設計の基本的な考え方

　授業は，教員と児童生徒の相互作用で成立する。しかし，両者のことだけを考慮すれば授業ができるわけではない。何のために（学習目標），何を（学習内容），どのように学ぶか（学習指導，学習活動）を決めていくのが，授

業設計の基本である。

　学校現場では，授業設計というより「指導案作成」（第14章）であるといった方がなじみ深いかもしれない。しかし，授業設計したものを表現する形式として指導案があると考えられる。

　授業設計では，学習目標，学習内容，学習形態，教科書や教材，教具，教室の設備，ICT，児童生徒のレディネス（何をすでに学んでいるか），学習時間などの授業における各構成要素を検討し，教員による「学習指導」や児童生徒による「学習活動」が最も適切になるように決定する。

　授業設計の考え方には，古くはガーラック（V. S. Gerlach）とイーリィ（D. P. Ely）の学習指導システム（ガーラック＆イーリィ 1975：18-22）がある。近年では，インストラクショナルデザインと呼ばれる「教えることの科学と技術」（向後 2015など）が話題となることが多い。いずれもシステム的な考え方に基づいている。最も重視されるのは「学習目標」であり，それに基づいてすべての構成要素および構成要素間の最適化を図る考え方となっている。つまり，授業における学習指導も学習活動も，すべて学習目標を達成するためである。仮に，もっと子供同士で話し合わせるべきであると教員としての信念をもっていたとしても，それすらも学習目標を達成するための構成要素の一つである。何事も学習目標を達成するための，一つの手段として捉えられる。授業はこうした複雑な要素が互いに影響をしあいながら成立している。システム的に授業設計を行うことで，特定の構成要素に偏った授業を避けることができるメリットがある。

　システム的な考え方による授業設計を行う際は，個々の要素の違いを明確に認識することが重要である。特に，根本的な用語にもかかわらず，学習目標，学習内容，学習活動の区別がつけられないことがある。この区別は，学習として考えると難しく考えてしまうことが多いが，「学習」→「営業」と置き換えて考えるとわかりやすい。車の販売店に置き換えると，営業目標（月に5台販売），営業内容（小型車），営業活動（ダイレクトメールの送付等）となる。このように考えると，奇抜な営業活動をしても，最終的に営業目標を達成できないと意味がないことは改めてわかるであろう。つまり，協働的な学習や

話し合いなど学習活動が充実しても，学習目標が達成できなければ意味がない。授業設計においても，各要素の区別と，その目的と手段を混同しないようにすべきである。

3. 授業設計の手順

授業設計の手順について，ガーラックとイーリィの学習指導システムを援用しつつ，現在の学校教育で使われる言葉で説明すると，下記の手順となる。

① 授業の全構成要素の把握

授業におけるすべての構成要素を把握する。先に挙げた構成要素はもちろん，それ以外に，例えば，都市部や農村部といった地域性，運動会の後であるとか児童生徒の意欲や体調，若い教員であれば，自分自身の指導力も構成要素として挙げられることがある。ベテランであるほど，多くの構成要素を挙げて配慮した授業設計を行っている。

② 各構成要素の条件・制限，内容等の把握

例えば，学習内容であれば，教科書に示されていたりするが，さらに教材研究を深めて，前後の単元との関係，既習事項と新出事項の区別，児童生徒が理解しにくい箇所はどこかなど，詳細化を図る。また，特に重要であるのは，レディネスなどの児童生徒の実態であろう。児童生徒は，何をどの程度理解しているのか，これまでの学習経験や誤概念の状況などをまとめる。

③ 学習目標の分割と系列化

学習目標も学習内容同様に，学習指導要領などにより，あらかじめ決められていることが大抵である。しかし，実態に応じて修正を加えることが必要となる。そして，さらに細かく分割し，易しい順に並べる。学習の順序は，教員が教えることが中心の解説的アプローチであっても，児童生徒が主体的に学んでいく探究的なアプローチであっても，易しい順に学習するスモールステップの原理の考え方が基本となる。

④ 学習指導・学習活動の決定

分割して易しい順に並べた学習目標に合わせて，学習指導・学習活動を決定していく。その際，各構成要素に関する②を考慮する。学習指導・学習活

動は，複数が組み合わさり，一つの系列をなしていることがある。これを「学習過程」や「学びの過程」という。例えば，探究的な学習の過程であれば「課題の設定」→「情報の収集」→「整理・分析」→「まとめ・表現」である。こうした典型的な学習過程に沿って，決定していくこともある。また，特に，この段階では，個別学習，ペア学習，グループ学習，一斉指導といった学習形態，ICT活用等が考慮されることが多い。いずれにしても，学習目標を達成するためにふさわしいという観点から学習指導・学習活動を決定する。

⑤ 授業の実施

　実際に授業を行う際は，事前の授業設計の通りにならないことが普通である。児童生徒が想定外のことを始めたりする。その場合にも，学習目標は常に頭に入れておくことが最も重要である。例えば，子供の興味・関心に基づいて授業をあえて脱線させた場合においても，学習目標の観点から，再び軌道修正を図る。

⑥ 評価

　授業設計が適切に機能し，学習目標が達成されたかの評価を授業後に行う。特に，授業の途上であれば形成的評価が，すでに完成した授業設計であり，授業が終わった後であれば総括的評価が使われる。こうした評価結果から，再び授業設計を見直す。この意味で考えれば，評価は最後であるが，授業設計の最初の段階であるともいえる。

第4節　学習目標の考え方

1. 学習目標が重要である理由

　学習目標は，授業設計や学習評価において，最も根本に位置し，授業や評価の羅針盤の役割がある。それは，学習目標によって，指導法や評価法などが変わるからである。

　例えば，「千代田区内の地名を知る」という学習目標であれば，地図帳な

どで確認したり，「大手町」「有楽町」と，繰り返し唱えたり，書いたりする指導法がとられるだろう。その評価は，知っているどうかを，列挙させたり，穴埋め問題で答えさせたりすることになる。

　一方で，「私たちが住む千代田区に対する誇りと愛情を持つ」といった学習目標であれば，単に地名を記憶させたり，授業時間内で良さを語り合ったりするだけでは身につけることは難しい。そもそも，誇りや愛情といった態度に関わることは，長い時間をかけて形成されるものであり，人から言われて身につくものでもない。自らが主体的に何度も繰り返し考えることで形成される。さらに，その評価は難しいことになる。例えば，小論文であるとか，面接などを通して，確認することになるが，そうした方法をとったとしても，何と回答したら誇りと愛情があると判断するのか難しい。学習目標の性質によって評価方法すら変わる。学習目標は授業の根本なのである。

2. 学習目標の分類

　梶田叡一は，学習目標を，「達成目標」「向上目標」「体験目標」の三つに分類している（梶田 2002：159-167）。達成目標は，知識や技能などを指し，繰り返し用語を唱えるなど，特定の教育活動の直接的な成果で到達できる。向上目標は，思考力や態度などを指し，調べたり，まとめたり，伝えたりといった多様な教育活動の複合的総合的な成果で到達できる。体験目標は，発見やふれあいなどを指し，学習活動に内在する特定の経験によって到達できる。

　最も到達に時間がかかるのは，向上目標である。また，向上目標は，到達目標と異なり，到達点があるわけではなく，学習者の過去の状態より，今の状態の方が，望ましい方向に向上しているかどうかが評価される。したがって，到達度テスト等での計測は困難であり，学習者の学習履歴の蓄積等から，個人内の伸長を判断することになる。このように学習目標といってもペーパーテストで測定できるものばかりでないことに注意が必要である。

［高橋　純］

● **考えてみよう！**

▶ 確実に学習として成立させるために，教師に必要となる「知識」と「技術」について，具体的に挙げてみよう。
▶ 教育方法学に関する歴史的人物のうち，興味深いと感じた人物についてさらに調べてみよう。
▶ 「達成目標」「向上目標」「体験目標」の学習目標のそれぞれについて具体例を挙げてみよう。

● **引用・参考文献**

稲富栄次郎（1972）『ヘルバルトの哲学と教育学』玉川大学出版部

小笠原道雄（2000）『フレーベル』清水書院

梶田叡一（2002）『教育評価　第2版補訂版』有斐閣双書

ガーラック，V. S.・イーリィ，D. P. 著，町田隆哉訳（1975）『授業とメディア』平凡社

木原俊行（2004）『授業研究と教師の成長』日本文教出版

向後千春（2015）「はじめに」『上手な教え方の教科書 入門インストラクショナルデザイン』技術評論社

佐藤学（1996）『教育方法学』岩波書店

柴田義松（2006）『ヴィゴツキー入門』子どもの未来社

田中耕治・鶴田清司・橋本美保・藤村宣之（2012）『新しい時代の教育方法』有斐閣アルマ

デューイ著，宮原誠一訳（1957）『学校と社会』岩波書店

奈須正裕（2014）『知識基盤社会を生き抜く子どもを育てる コンピテンシー・ベースの授業づくり』ぎょうせい

沼野一男（1986）『情報化社会と教師の仕事』国土社

ブルーナー，J.S. 著，鈴木祥蔵・佐藤三郎訳（1962）『教育の過程』岩波書店

ペスタロッチー著，長田新訳（1993）『隠者の夕暮・シュタンツだより』岩波文庫，岩波書店

吉崎静夫（1988）「授業研究と教師教育（1）：教師の知識研究を媒介として」『教育方法学研究』13巻：11-17

吉崎静夫（1997）『子ども主体の授業をつくる―授業づくりの視点と方法』ぎょうせい

ルソー著，今野一雄訳（1962）『エミール（上）』岩波書店

※ 本章は高橋純編著『教師のための教育学シリーズ7　教育方法とカリキュラム・マネジメント』（以下，高橋編（2019）と略記）第1章を再掲したものである。

第2章

資質・能力の育成

● 本章のねらい ●

　資質・能力の三つの柱について，定義のみならず具体的な理解が重要となる。資質・能力について，学習指導要領の定義を解説するとともに，概念的な理解を促す解説を行った。また，コンピテンシーやエージェンシーなど，OECDによる定義の解説を行った。

第1節　資質・能力とは何か

　2017・18（平成29・30）年告示の学習指導要領では，育成すべき資質・能力の三つの柱が次のようにまとめられた。

　(1) 知識及び技能が習得されるようにすること

　(2) 思考力，判断力，表現力等を育成すること

　(3) 学びに向かう力，人間性等を涵養すること

　これにより，学習指導要領におけるすべての教科の目標は，この三つの柱で整理され，記述されている。

　資質・能力は何かと問われれば，単純には従来からの「学力」という言葉の言い換えといえる。ただし，資質・能力は，学力という言葉よりも広義な意味で捉えられる。そして，「何を知っているか」という学習内容の習得に

重きが置かれた従来の記述から，それも変わらず重要であるものの，「何ができるようになるか」という実際に生きて働く力として発揮できるレベルにまで対応した表記になったといえる。例えば，従来，英語で過去形にするには「ed」をつけると知っており，テスト紙面上で考えながら回答しても正答であることから，あたかも英語が「できる」と思い込んでしまうこともあった。しかし，コミュケーションにおいて「できる」というのは，無意識に自動的に過去形を使ってしまうレベルになる。これは紙面で行われるテストで正答できることと根本的にレベルが異なる。しかし，従来から英語の教科として目標はコミュニケーションであったが，「テストに出ることを学習する」という考えから，英語の習得自体が目的になりがちであった。また，他の教科の目標にあっても，同様に高いレベルを目指そうと記述されていた。こうした問題を改善し，より明確に表現しようと，資質・能力としての記述に改められたといえる。

　資質・能力の三つの柱のように，学習目標の分類は，第1章の梶田やブルームの取り組みなど，他にもいくつもある。分類する最も大きな理由は，分類によって指導法や評価法が異なるからである。例えば，資質・能力の三つの柱は，(1)は習得，(2)は育成，(3)は涵養と書かれているが，これも指導法の違いから来るといえよう。まず，(1) → (2) → (3)の順で，身に付けるのに時間がかかる。それが表現に込められている。また，いずれの学習目標の達成にも，繰り返しの学習が重要となる。繰り返しといっても，(1)であれば，用語を唱えるといった短時間での単純な繰り返しであり，(3)であれば学校における教育活動全般というほど，さまざまな機会を通して学ぶ総合的で複合的な学習活動の繰り返しである。

　ただし，資質・能力の分類は重要であるものの，多くの分類が世に存在するように，いくつかの考え方がある。厳密な分類は，研究上は意味があっても，教育実践上は，あまり大きな意味はないだろう。大まかに分類できること，分類のメリットや効果について，実感をもって理解できていることが重要である。そして，学習指導以外の場面でも応用が可能である。このくらいの理解ができればと思う。例えば，ダイエットに例えてみよう。

　(1)　ダイエットに関する知識及び技能

　(2)　ダイエットに関する思考力，判断力，表現力等

　(3)　ダイエットに向かう力，人間性等

となるが，三つの柱の中で最も困難なのは (3) である。多くの人は (1) のダイエットに関する知識及び技能はもっている。それでも実行できないのは (3)のダイエットに向かう力に課題がある。さらに，(1) や (3) が十分であったとしても，ダイエットに関する一般的な知識及び技能を，自分自身の生活状況や特性等に効果的に適用できるように，思考したり判断したりして，ダイエットの計画を立て実行することが必要となる。つまり，この三つの柱がうまく統合されることでダイエットに成功できるわけであるが，統合する前に，一つひとつの柱についても十分な準備が必要となる。このように焦点化して考えることができるのが，学習目標を分類するメリットである。

第2節　「知識の理解の質」の向上とは何か

　「知識偏重でよくない」とか，「知識よりも思考力が重要である」とか，「インターネットで検索すればいいのだから知識は不要」などといった論調をみかける。これは「知識」に質があるという事実が共有されていないからである。

　例えば，多くの日本人が思うであろう，思考力が高く，問題解決能力が高い人物に池上彰氏がいる。池上氏は知識が少ないのか？と問われれば，多くの知識をもっていると認められるだろう。つまり，知識の量は大前提である。そもそも知識をもっていなければ，インターネットで検索する用語も思いつかない。

　それでは「有名大学を卒業したのに役立たない」と揶揄されるケースは，どのように考えたらよいのであろうか。知識の量は十分ある場合，その知識が活用できるような状態になっていないと説明できるだろう。穴埋め問題や選択問題に素早く正答できる程度の大量の知識を有しているが，現実社会では役立つほどの質になっていない。先に例示した英語の過去形の例のような

ものである。

　「富山は何地方にありますか？」と問われたとき，幼児が「北陸地方」と答えても，ベテラン教員が「北陸地方」と答えても，正解である。しかし，同じく答えられても，明らかにベテラン教員の方が，詳しく知

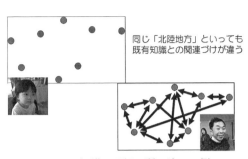

同じ「北陸地方」といっても
既有知識との関連づけが違う

図 2.1　知識の理解の質の違いの例

っているはずである。これを **図 2.1** に表せば，ノード（北陸地方といった個別的知識）の数は同じでも，リンク（「北陸地方」は「日本海」に面しているといった知識と知識を結ぶ接続的知識）が異なるといえるだろう。ノードの量のみならず，リンクも密接であったとき，量も質も高い知識といえるであろう。試験で質の高い理解であるかどうかを問う場合は，穴埋め問題ではノードを問うばかりであり，自由記述などでリンクを尋ねると質の高さを確かめることができる。

　学習指導要領では，「知識の理解の質」という表現が繰り返し出てくる。この見慣れない過剰ともいえる表現は，知識の重要性，特に質の高い知識の重要性を表しているといえよう。西林勝彦 (1994) は，詰め込み学習の問題は詰め込めていないとしている。つまり，本来の意味で，多くの知識を有意味な状態，つまりリンクされた状態で詰め込むことが重要であり，無意味な丸暗記をひたすら行う詰め込み学習と区別すべきだとしている。知識の理解の質が高まったとは，知識の量も質も高いときであるといえる。

第 3 節　知識の理解の質と指導法

　もう少し詳細に，知識の理解の質の高まりと，指導法の関係を整理しよう。

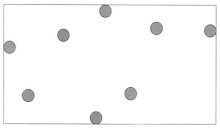

図 2.2　新出事項の学習イメージ

1. 新出事項の学習

　初めて学ぶ事項は，まだその意味どころか，名称や用語自体も曖昧であり，関連した事項との関係もよくわからないことが通常である。図で表すならば，各ノードは独立してリンクされておらず，ノードも灰色な状態といえる（**図2.2**）。指導法としては，一斉指導を行う，視聴覚教材（ビデオ等）を見せるなどがある。動画による講義ビデオの閲覧などもこのカテゴリーであろう。

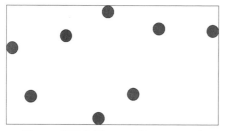

図 2.3　単純な繰り返し学習イメージ

2. 繰り返しによるノードの強化

　一つひとつのノードを，繰り返し唱えるといった単純な繰り返しをすると，灰色がどんどん黒に近づいていく（**図2.3**）。こうした強化の方法として，ドリルをするとか，単語帳で単語を覚える，教科書にマーカーで印をつけて，下敷きで隠してひたすら丸暗記するような方法がある。テストにおいて，出題範囲が決められており，選択問題や穴埋め問題による出題であれば，正確に回答できることから，有効な学習方法と認識されていることも多い。また，学習の初期段階において，有意味な記憶の前提として，名称や用語を記憶するためには効率がよい。

　こうした学習方法を，テスト対策とする子供も多い。テストでよい点数になっても，終わるとすっかり忘れてしまう。しかし，実際には忘れたのではなく，思い出せない（再生できない）だけといえる。何かきっかけがあれば思い出せるが，そのきっかけは外部によることが大抵であり，生きて働く知識にはほど遠い状態と考えられる。

3.　リンク

　既習事項や生活体験などと関連づけながら学習している状態である。個別的な知識が，既習事項や生活体験とリンクされることで，忘れにくく，生きて働く知識になり始める（**図 2.4**）。授業の導入において，既習事項や生活体験と関連づけるのは，こうした意味があるといえる。

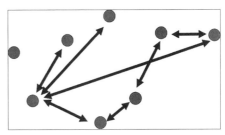

図2.4　生活体験等，関連づけながら学習した際のイメージ

ただし，導入で関連づける程度では，それほど強いリンクは成立しないと考えられる。

4.　リンクの強化

　リンクができるには一定程度の学習が必要であろう。それを点線で表している（**図 2.5**）。

　繰り返し関連づけると，リンクが強化され，点線が実線になり太くなっていく。このプロセスでも，当然ながら繰り返しの学習が必要になる。しかし，ノードができ，黒くなっていくよりも時間が必要であり，多様な学習活動が必要である。

　リンクの強化において，効率的に繰り返し学習をするためには，特定のパターン（学習過程）の繰り返しによる学習が有効で

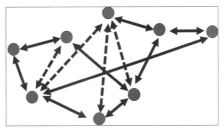

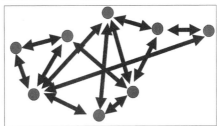

図2.5　さまざまなことを関連づけ，それらを繰り返すことでリンクが強固になったイメージ

ある。スポーツや芸術分野において練習のパターンが決まっていることと似ている。武道やピアノなどを思い浮かべれば，自由に思いつきで繰り返し学習をするのではなく，パターンや型に沿って繰り返し学習し，徐々に繰り返しの強度を上げていったり，組み合わせて複雑にしたりする。そして定期的にコンクールや試合がある。コンクールや試合も同じものに繰り返し出場するだけではなく，徐々にレベルアップしたものにも出場する。こうしたイメージである。

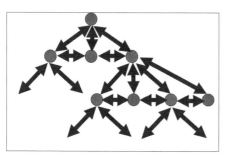

図 2.6　構造化し，熟達化した状態のイメージ

5.　リンクの熟達化

　さらに繰り返しが行われると構造化し，熟達化した状態になる。この状態になるとほとんど負荷なく取り組むことができる（図 2.6）。例えば，ピアノでいえば，正確に滑らかに演奏できることはもちろんのこと，情景を意識，表現しながらであるとか，その曲の見方・考え方も含めて表現しているような状態であろう。最終的には型破りを目指す。

　熟達化が進むと，長い間，そのことに触れていなくても，再びこなすことができる。学習成果の究極の姿，つまり知識でいえば理解の質が高い状態であるといえる。ただし，このレベルに達するには多くの時間と，多くの経験や体験を含めた複合的で総合的な学習が必要となる。例えば，自らが課題意識をしっかりともち，調べたり，話し合ったり，まとめたりする活動を繰り返すことが必要となる。主体的・対話的で深い学び，いわゆるアクティブ・ラーニングによる学習は必須となる。ただ，最終的に学校教育の時間内だけでは構造化までは時間不足であろう。学校外でも，卒業をしても，自らが学び続けて，このレベルに達することができるように，このための学び方も学んでいく必要がある。

第4節　知識・技能および思考力・判断力・表現力等を連続として捉える

　知識の理解の質と指導法の関係をまとめると，**図2.7** になる。

　学びに向かう力，人間性等はすべての土台になるものである。そして，先
にも述べたとおり，授業のみならず，学校行事，地域との取り組みなど，す
べての活動を通して涵養されていくものであると思われる。そして，知識・
技能のうち，ノードのみの簡単なものは，単純な繰り返しによる学習が有効
である。

　最も難しいのは，思考力・判断力・表現力等の扱いである。思考力を例に
すると，思考力が育まれた子供というのは，具体的にはどのような状態にな
っているといえるだろうか。これを言葉で表現することは難しい。例えば，
深く考えられる子供と言えばよいかもしれないが，深く考えるというのはど
のような状態を指すのか。思考力が育まれた子供という表現とあまり大差は
ない。たくさんの知識と関連づけることができると表現してしまえば，関連
づけるという「技能」があればよいようにも思われる。あるいは，深く考え

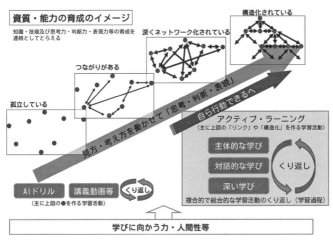

図 2.7　知識の理解の質と指導法の関係

る学習をしている状態というならば，そうした「学習活動」をしていることを指し，それは資質・能力ではない。加えて，英語において，わが国でいうところの思考力に相当する訳を見つけることは容易ではない。英語圏では，Thinking Skills というように，スキル，つまり考える技能として鍛えていくことが広く共有されている。

　そこで，知識・技能及び思考力・判断力・表現力等の育成を連続として捉える考え方を提案したい。この図2.7でいえば，孤立したノードから構造化したノードへの連続と対応している。つまり，構造化している状態を思考力・判断力・表現力等が十分に育まれた人と考えるのである。

　例えば，思考力の高いであろう池上氏に例えるならば，ノードは数多くあるし，リンクも構造化している，さらに図のような2次元を超えた多次元ではないかなどと考えられる。池上氏の説明がなぜわかりやすいのか。テレビでの説明をよく聞いていると，日本国民であれば知っていることや，その周辺にある，知らないけれども簡単に予測できること（ノード）について，多くの人が知らないつなぎ方（リンク）で説明していることに気づかされる。だから，「そうだったのか」となるわけである。何も知らなかったわけではなく，予想できなかったわけでもない。でも，知らなかったという状態である。ここに，単に知識が多くある人と，思考力のある人との差があるのではないかと思う。結局は，「知識の理解の質」というキーワードに行き着くのである。

第5節　コンピテンシー

　先にも述べたとおり学習指導要領では，従来の「学力」といった言い方ではなく，「資質・能力」の育成と示されている。これは何を知っているか（コンテンツベース）から，コンピテンシーベース（何ができるようになるのか）の学習への移行による表記を意味している。換言すれば，記憶などのインプットから，行動などのアプトプットの重視ともいえよう。結局，たくさんのこ

とを記憶していても，実際に行動できなければ意味は小さいからである。このコンピテンシーベース学習とは，大まかにどのように理解したらよいのだろうか。

　多くの教育書では専門的に説明がなされているが，コンピテンシーという言葉は，教育業界だけの用語ではない。例えば，日経新聞などが運営するNIKKEI STYLE というサイトには，「転職者の実力を暴く面接　『例えば』と重ねて問う理由」（日本経済新聞 2019）という記事がある。採用面接においては，コンピテンシー面接と呼ばれるものが行われており，採用を判断する際の最も重要な観点がコンピテンシーとのことである。特に重視しているのは，

- ・単に知識を多くもっているだけでなく，それを確実に行動化していること。
- ・そして，その行動化においては，今生み出すべき成果を最も効果的に創出できるための工夫があること。

と示されている。つまり，知っていること以上に，実際に「行動ができる」かどうかが重視されており，だからこそ，面接で，例えば？　と何度も尋ねるのだとまとめられている。まさに学習指導要領において，「何を知っているか」にとどまらず「何ができるようになるか」が重要とされたことと同一である。

　学校での具体的な場面で考えてみる。例えば挨拶である。「おはようございます」「こんにちは」「Good morning」などたくさんの挨拶を知っているだけでは不十分である。実際に挨拶ができなくてはならない（行動化）。そして，目を合わせてとか，先方の言語に合わせてとか，「工夫」があればさらによいといえる。

　このように考えれば，挨拶であっても，実際に大きな声で気持ちよくできるようになるには，相当な時間がかかるし，本人に自覚がなければできるようにならない。したがって，さらに複雑な教科の学習であればなおさらのこと，一斉指導だけでは難しく，授業時間内では行動化まではできるようにならない。学校を離れた後も，子供自身が繰り返し，学び続けられるようにす

るしかない。そのための「学び方」がコンピテンシー（行動レベル）として，身についていることが重要といえる。

第6節　エージェンシー

OECDのラーニング・コンパスにおいて，その中核的概念とされるのが「エージェンシー」である。

白井 (2020) はOECDの定義を「変化を起こすために，自分で目標を設定し，振り返り，責任をもって行動する能力」と訳している。そして，「エージェンシーは多様な能力の集合であり，例えば「結果を予測すること（目標を設定すること）」「自らの目標設定に向けて計画すること」「自分が使える能力や機会を評価・振り返ること，自分をモニタリングすること」「逆境を克服すること」」としている。

このレベルになると，子供以前に大人自身が身についているかも確認が必要になるだろう。すでにコンピテンシーの説明でご理解いただいていると思うが，これらを理解するだけでは意味がない。まずは大人が，こうした行動できるレベルまで学ぶことが重要であると日常的に考えていなければ，とても子供には指導できないとわかるだろう。

コンピテンシーベースの学習の重要性について背景を理解しておくことも重要である。新型の感染症の流行やAIの発展など，将来の予想が全く不可能な中で，どのように自分らしく，たくましく生きていけばよいかの道標であるといった説明がなされることが多い。変化が大きな世の中では，単純な知識では役立たない。どのような世の中になっても，学んだ知識と新しい状況をつなげて考え，未知に対応した知識に作り替えていくことが必要となる。たとえ知識であっても行動できるレベルでの習得が必要といえよう。将来はますますVUCAの世の中である。この頭文字であるVolatility（変動性），Uncertainty（不確実性），Complexity（複雑性），Ambiguity（曖昧性）といった未来に対応した考え方である。

　ただ，こうしたエージェンシーすらも，未来に必要な力を適切に表しているかどうかわからない。今は，一番新しく優れた考え方といわれるが，教育の世界のトレンドは，常々変わっていくことは歴史が証明している。こうして次々と変化していくことが，つまりはVUCAである。変化にも耐えられる学び方が求められるであろう。結局のところ，常に「学び続ける」ことによって対応していく力が必要といえよう。

［高橋　純］

● **考えてみよう!**

- ▶ 資質・能力の三つの柱について，具体例を挙げて説明してみよう。
- ▶ コンピテンシーについて具体例を挙げて説明してみよう。
- ▶ 予測不可能な未来に向けて必要な資質・能力について，あなたの考えをまとめてみよう。

● **引用・参考文献**

白井俊（2020）『OECD Education2030 プロジェクトが描く教育の未来：エージェンシー，資質・能力とカリキュラム』ミネルヴァ書房

中央教育審議会（2016）「幼稚園，小学校，中学校，高等学校及び特別支援学校の学習指導要領等の改善及び必要な方策等について（答申）」

西林勝彦（1994）『間違いだらけの学習論』新曜社

日本経済新聞（2019）「転職者の実力を暴く面接　『例えば』と重ねて問う理由」https://style.nikkei.com/article/DGXMZO50892990R11C19A0000000/（2023.7.23 最終閲覧）

文部科学省（2017）「小学校学習指導要領（平成29年告示）解説　総則編」

※　本章第1節～第4節は高橋純編（2019）第2章より加筆修正のうえ再掲。

学習の質を高める教育方法

● 本章のねらい ●

　近年，中央教育審議会答申，学習指導要領では，「主体的・対話的で深い学び」「個別最適な学びと協働的な学び」などの学習の質を高める教育方法に関して言及されている。「見方・考え方」「学習過程」「ICT 活用」なども，それらを支える重要な考え方である。これらの関係等も含めて解説を行う。

第1節　学習の質を高める教育方法の必要性

　先にも述べたように，従来，定期テストなどで問われることが多かった個別の知識・技能に関する学習は，AI ドリルなどによる学習に代替されようとしている。また，コンピテンシーやエージェンシーなど，求められる授業の質は高まるばかりである。それらを支える一人一台端末の活用もある。従来の教育方法のみでは，十分に対応しきれないことが増えつつある。

　そこで「主体的・対話的で深い学び」（文部科学省 2017a），「『個別最適な学び』と『協働的な学び』の一体的な充実」（中央教育審議会 2021）といった学習の質を高める教育方法が重要となる。しかし，この領域となると教育方法を具体的にマニュアルにしていくことが困難な領域である。教員は，基本的な考え方や理論を学び，自らの教育方法，つまりは指導法を創意工夫し，

編み出していくことが求められている。

第2節　主体的・対話的で深い学びの実現に向けた授業改善

　「児童の主体的・対話的で深い学びの実現に向けた授業改善（アクティブ・ラーニングの視点に立った授業改善）」は，手段か目的かと問われれば，手段であり，教育方法の一つと考えられるだろう。そして，さまざまな概念と関連して構成されている。

　学習指導要領改訂のポイント（文部科学省 2017a）の見出しには「知識の理解の質を高め資質・能力を育む主体的・対話的で深い学び」と示されている。つまり，これまで説明してきた「知識の理解の質」を高めること，「資質・能力」を育むためなのだと理解できる。これこそが「主体的・対話的で深い学び」の目的といえよう。

　中央教育審議会答申（2016）によれば「アクティブ・ラーニングの3つの視点からの学習過程の質的改善」として，主体的・対話的で深い学びが解説されている。つまり，「学習過程」を質的に改善するために，主体的・対話的で深い学びがある。**図3.1** のように，学習過程の各ステップに主体的や対話的にすることで，質を上げていくと解説できる。例えば，授業において，

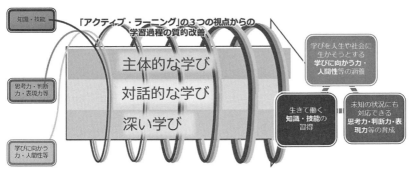

図3.1　主体的・対話的で深い学びのイメージ（中央教育審議会 2016）

何となく主体的にしたり，対話的にしたりするだけでは，活動がアクティブに見えるだけで這い回る学習になっている，といった指摘がある。頭をアクティブにするのが大事だなどともいわれる。このために何をすべきかと問われれば，学習過程を前提として，それらの各ステップの強化であると説明されるだろう。

深い学びについては，「深い学びの鍵として『見方・考え方』を働かせることが重要になること」（文部科学省 2017b）と示されている。これもまた，無自覚に深い学びが起こったり，指導できたりするわけでなく，児童生徒に「見方・考え方」を鍛え，発揮させていくことが不可欠になっていく。「見方・考え方」の指導なのだと考えれば，単に対話的にしたり，主体的にしたりするだけで，深い学びになるわけではないと理解できる。

主体的・対話的で深い学びの理解は，これそのものを直接理解しようとするのは困難である。関連事項の理解も含めて行っていく必要がある。

第3節　個別最適な学びと協働的な学びの一体的な充実

「個別最適な学び」と「協働的な学び」とは，目指すべき新しい時代の学校教育の姿として提言された（中央教育審議会 2021）。文部科学省（2021）は，「学習指導要領において示された資質・能力の育成を着実に進めることが重要であり，そのためには新たに学校における基盤的なツールとなる ICT も最大限活用しながら，多様な子供たちを誰一人取り残すことなく育成する『個別最適な学び』と，子供たちの多様な個性を最大限に生かす『協働的な学び』の一体的な充実が図られることが求められる」と解説している。そしてそれぞれの学びを「一体的に充実し，主体的・対話的で深い学びの実現に向けた授業改善につなげる」とした。

個別最適な学びとは，「個に応じた指導」，換言すれば「指導の個別化」と「学習の個性化」を学習者の視点から整理した概念である。指導の個別化とは，子供の「特性や学習進度等に応じ指導方法・教材等の柔軟な提供・設定」す

ることである。つまり，子供たちの資質・能力は元来一様ではなく，得意な学び方もそれぞれである。そこで，例えば，それぞれの子供がギリギリできる難易度で，それぞれの学び方や進め方で学習を進めていくことなどをいう。学習の個性化とは「子供の興味・関心等に応じ，一人一人に応じた学習活動や学習課題に取り組む機会を提供」することである。同様に，子供たちの興味・関心は一様ではない。そこで，例えば，それぞれの子供が興味・関心のあることに取り組む，得意なことを伸ばしていくなどをいう。

　協働的な学びとは，「『個別最適な学び』が『孤立した学び』に陥らないよう，探究的な学習や体験活動等を通じ，子供同士で，あるいは多様な他者と協働しながら，他者を価値ある存在として尊重し，さまざまな社会的な変化を乗り越え，持続可能な社会の創り手となることができるよう，必要な資質・能力を育成する」「一人一人のよい点や可能性を生かすことで，異なる考え方が組み合わさり，よりよい学びを生み出す」などと説明されている。例えば，自分自身の課題やグループの課題を，よりよく解決するために他者と協力し合うことなどといえるだろう。

　我が国の協働的な学びは，グループで一つの課題を皆で解決するスタイルが多い。これは協働にはなり得るが，課題も学習過程もグループで一つである。つまり，協働的な学びと個別最適な学びが同時に起こりにくい。例えば，班で一つのビーカーを使う理科の水溶液の実験などでは，一見すると協働で実験をしているようにはみえるが，実は得意な子供だけが取り組んでいる場合もある。苦手な子供にとっても，個別最適に自らのペースで実験をするためには，子供一人一人に課題や教材があり，学習過程も個別化・個性化する方がよい。そして，躓いたり，自らの課題をよりよく解決したりするために，必要に応じて，自己決定によって，助けを求めるといった協働をする。理科の実験でいえば，電池や磁石を使う実験などであれば，一人一人に課題や教材があり，個別最適にも協働にも進んでいる様子が見られる。実は，実際に社会に出れば，大きなプロジェクトという意味では一つの課題であっても，役職や力量に応じて，個人個人に個別最適な課題が割り当てられ，自分の責任で協働もしながら進めていくことが多い。個別最適な学びと協働的な学び

は，従来の授業観に基づけば同時に起こりにくいと考えられることもあるが，社会一般では普通のことといえよう。

第4節　見方・考え方

　知識と知識のリンクを上手に張る方法の一つに「見方・考え方」がある。これまでも見方や考え方として重要視されてきたが，2017・18（平成29・30）年告示の学習指導要領において，すべての教科の目標の冒頭に「言葉による見方・考え方を働かせ（国語）」のように記述されるようになった。また，深い学びとは「見方・考え方」を働かせることがポイントとされている。例えば，言葉による見方・考え方については，「自分の思いや考えを深めるため，対象と言葉，言葉と言葉の関係を，言葉の意味，働き，使い方等に着目して捉え，その関係性を問い直して意味付けること」と説明されている（中央教育審議会 2016）。これらの具体的な理解は，各教科等の特質に応じる必要もあり，教員にとっても教科内容の見識が十分でない場合，難しいことも多い。

　そこで，まずは見方・考え方がなぜ大事であるかを知るところから始めたい。

　見方・考え方が鍛えられていない状態とは，例えば「家」という漢字を辞典で引く際に，端からページをめくって探していくような状態である。見方・考え方が鍛えられているとは，部首や索引から調べるなど辞典の引き方を駆使して調べることができていると例えられる。つまり，突然，「家」を調べ始めるのではなく，それを調べるにはどのような方法があるのかといった一段上から考えられるかどうかである。いずれも，「家」という漢字は調べられ，同じ答えを手に入れるかもしれないが，プロセスの質が異なるのである。

　さらに例えるならば，レストランに「大根とじゃこのシャキシャキサラダ」というメニューがあったとする。この特徴を10個挙げよ，と言われたら挙げられるだろうか，その際，どのように考えるだろうか。目をつぶり，思いつく特徴を挙げるようでは，見方・考え方を働かせていない。念力に頼っている。そこで，「見た目」から特徴を挙げようとか，学校で勉強したことを活

かそうとか，そうした一段上の観点から考えてみる。教科で学んだことから発想してみようとすれば，社会科で習った産地に着目すると海と畑の食べ物が混ざっているとか，理科でいえば植物と動物を使ったサラダであるとか，家庭科でいえば栄養のバランスがとか，大根は何切りであろうか等々，多くの特徴を思い浮かべることができる。いずれも答えを聞けば，知っていることばかりである。最初に自力では思いつかないとすれば，知っているのに活用できる知識になっていないといえる。こうしたいわゆる応用が効かないと言われることについて，見方・考え方を鍛えることで解消を試みようとしている。

　本来の意味での見方・考え方は「どのような視点で物事を捉え，どのような考え方で思考していくのか」というその教科等ならではの物事を捉える視点や考え方である（文部科学省 2017b）とされ，もっと難しい。もし，自身がよくわからないのだとすれば，今回の例に示したように，何かを考えるとき，一段上からみることなのだという体験から始めてみてはどうだろうか。

第5節　学習過程

　先にも述べたが，リンクが作られ，太くなり，構造化していくためには，繰り返しの学習が必要であり，そのパターンとして学習過程がある。

　学習指導要領や同解説では「学習過程」であるとか「学びの過程」という記述が数多くある。数多くの学習過程の中で，最も典型的なものは「探究的な学習の過程」である（図3.2）。最もシンプルで汎用性が高い。多くの教科・領域における学習過程の基本となる学習過程といえるだろう。

　例えば，未知なる問題に直面したとき，何から手をつけて解決したらよいかわからず，

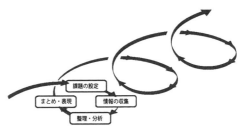

図3.2　探究的な学習過程

（出所）文部科学省（2017c：9）

諦めてしまうかもしれない。しかし，学習過程を理解していれば，まずは「情報を収集」をしてみようとなる。次にそれらをわかりやすく図や表に「整理」して，「分析」をしてみようとなる。そして，「まとめ」たり，「表現」したりし，振り返りや他者からの意見により，新しいアイディアを求めていく。これらを通して，より具体的な新たな課題が設定され，再びプロセスが始まる。

　学習過程は，学習に限らず，実は，多くの問題解決場面で活用されている汎用的なものである。例えば，刑事ドラマでの事件の解決も似たプロセスである。ドラマを見る限り，「課題の設定」は事件の解決であり，「情報の収集」は聞き込みや鑑識による捜査や証拠集めであり，「整理・分析」はホワイトボードへの整理であり，「まとめ・表現」はホワイトボードをみて考えたり予想をしたりすることである。そして，さらなる課題が見つかり，再び情報の収集が始まるのである。大事なポイントは，学習過程の中で，事実を扱っているか，考えを扱っているかである。「情報の収集」では主に事実を扱っており，「まとめ・表現」では考えを扱っており，「整理・分析」はその中間にあたる。つまり，事実を積み上げて，自らの考えを導く過程であるといえる。よくある授業展開として，子供に何かを提示して，「気づいたことはなんですか」と，事実のみならず考えも含めて尋ねることがあるが，事実確認を重視していない点で，ここでいう授業過程とは異なる行為といえる。

　学習過程は一種の学び方の型であるが，こうした問題解決や思考の型を活用することが主体的に学べるようになる一歩になる。

　ある未知の問題に接したときに，どのように解決すべきか，何を解決すべきか，というように，解決のための「方法」や「内容」の両方を毎回考えるようでは，深く問題解決することは困難である。解決の「方法」はある程度理解しているからこそ，「内容」により一層迫ることができる。例えば，児童同士が協働で問題解決を行う際に，今は「情報の収集」の段階が話題であると共通認識できていれば，どのような「情報の収集」の方法が効率的かという議論にフォーカスすることができる。しかし，こういった共通認識がない場合，情報を分析しようとか，私はこう考えるという意見が出てきたり，

さまざまな解決の「方法」も提案されたりして，肝心の「内容」に迫ること
ができない。深く学んだり，深い対話をしたりするためにも，学習過程が共
通認識されることが必要である。

第6節　子供一人一人が主体的に学習過程を回す

　学習過程とは，教員が指導するための“指導”過程ではない。子供が主体
的に学習するための過程である。つまりは，教師が「情報を収集します」「整
理・分析します」と学習を子供に一つひとつ一斉の指示をして進めるような
授業ではない。子供が35人いれば35通りの学習過程が教室内で回り始めて
こそ，主体的な学習に近づくといえる。イメージとしては，図3.3のように，
それぞれの子供が，それぞれの学習過程を回すのである。情報の収集をして
いる子供もいれば，整理・分析を行っている子供もいる（高橋 2022）。

　問題解決的な学習を授業に取り入れると時間が不足すると主張がなされる
場合がある。その多くの授業では，教員の指示で子供全員一緒に情報の収集
をして，全員が終わった頃を見計らって整理・分析をしたりする。これでは，

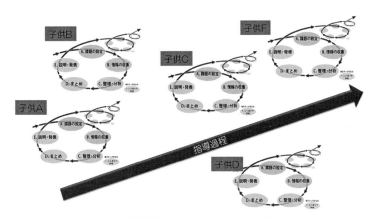

図3.3　学習過程（子供 A 〜 F）と指導過程

（出所）高橋（2022）

早く終わった子供は退屈であるし，まだ先には進めない子供も無理矢理，次のステップに進むことになる。そして何より，教員がいなくても問題解決ができる子供を育みたいのであれば，教師の指示ではなく，子供自身が自分で学習過程を回すことができるようにしていく必要がある。自分の得意を活かして，自分のペースで問題解決するからこそ，個別最適な学びになる。

　探究的な学習過程では，協働のステップは示されていない。つまり，授業中，教師の指示で行われる「班で話し合いなさい」と一斉指導として行われる協働は，指導過程としては存在しても，学習過程としては存在しない。基本的には，学習過程の各ステップの質を上げるためや，よりよくするために，子供が必要に応じて，協働を行うのである（図3.4）。自らの課題をよりよく解決するためには当然ながら一人では困難であり，他者と協働することが必要である。そうした協働の必要感，相手，タイミングなどを学習者自身で決められるようになってこそ，教員がいなくても，問題解決できる子供になるのである。

　同様に見方・考え方やICT活用もまたそれぞれの学習過程の各ステップの質を上げるためにある。学習者の判断によって，それらが必要に応じて行われるのが基本である。

　また学習過程も教科横断的に子供が決めていく取り組みも行われている。

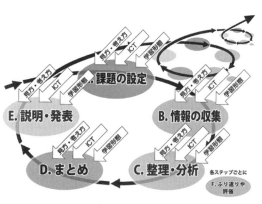

図3.4　学習過程と見方・考え方，ICT，協働の関係
（出所）高橋（2022）

調べるのが得意な子供は調べることが充実した学習過程になっていたり，発表が得意な子供は逐次発表が組み込まれた学習過程になっている。本書でも探究の学習過程以外の学習過程（図3.4）を示している。教員にとっても得意な学習過程があり，学級ごとに独自の学習過

程を示している場合もある。一人一人の得意を伸ばして繰り返し問題解決を
して行くことが，高次な資質・能力の育成につながるのである。

　「主体的・対話的で深い学び」「個別最適な学びと協働的な学び」を理解す
るためには，まずは学習過程を理解することが重要となる。それらの質を上
げるために，見方・考え方，ICT，協働といった学習活動を充実させる取り
組みが行われると考えると分かりやすい。

［高橋　純］

● **考えてみよう！**

　▶　「主体的・対話的で深い学び」が実現した授業とはどのような授業か。具
　　　体的な状況を説明してみよう。
　▶　「個別最適な学びと協働的な学びの一体的な充実」が実現した授業とはど
　　　のような授業か。具体的な状況を説明してみよう。

● **引用・参考文献**
高橋純（2022）『学び続ける力と問題解決―シンキング・レンズ，シンキング・サ
　イクル，そして探究へ』東洋館出版社
中央教育審議会（2016）「幼稚園，小学校，中学校，高等学校及び特別支援学校の
　学習指導要領等の改善及び必要な方策等について（答申）」
中央教育審議会（2021）「『令和の日本型学校教育』の構築を目指して～全ての子供
　たちの可能性を引き出す，個別最適な学びと，協働的な学びの実現～（答申）」
文部科学省（2017a）「幼稚園教育要領，小・中学校学習指導要領等の改訂のポイン
　ト」http://www.mext.go.jp/component/a_menu/education/micro_detail/__icsFiles/
　afieldfile/2019/02/19/1384661_001.pdf（2019.6.3 最終閲覧）
文部科学省（2017b）「小学校学習指導要領（平成 29 年告示）解説　総則編」
文部科学省（2017c）「小学校学習指導要領（平成 29 年告示）解説　総合的な学習の
　時間編」
文部科学省（2021）「「個別最適な学び」と「協働的な学び」の一体的な充実」
　https://www.mext.go.jp/a_menu/shotou/new-cs/senseiouen/mext_01317.html
　（2023.7.25 最終閲覧）

第4章

情報活用能力の育成

●　本章のねらい　●

　本章ではまず，情報活用能力のイメージや定義を押さえたうえで，わが国の児童生徒の情報活用能力の実態を示す。次に，文部科学省が告示する学習指導要領における情報活用能力の位置づけとその育成方法について，情報モラル教育，プログラミング教育などの項目ごとに提示する。

第1節　情報活用能力とは何か

1. 情報活用能力のイメージ

　私たちの生活に，今やスマートフォンは欠かせない。どこかに出かける際は事前に検索し，行き先の情報を先に入手することができる。新幹線や飛行機の切符，ホテルなどを予約することもできる。現地では地図やナビを頼って歩くこともできる。美味しい地元の食事場所を探すこともできる。先方で会う人たちとメッセージ交換もできる。これだけ便利なら，スマートフォンが広く普及するのは当然だろう。

　読者の周囲には，ICT (Information and Communication Technology) を使いこなす「仕事ができる人」がいるだろう。その人は，状況に応じてスマートフォンやパソコンなどからインターネットにアクセスし，さまざまな情報手

段を用いてあらゆる情報をいち早く得ているだろう。それらを整理したり，わかりやすく提示したり，再利用したりしているだろう。どのサイトに書かれていることが適切か，誰から情報を得るとよいかなど，人脈も含めた多様なリソースにアクセスしていることだろう。このような人がもっている，「ICTを適切に活用し，情報を適切に処理する能力」が，まさに情報活用能力のイメージである。

　このような人を「仕事ができる人」と書いたが，この人のもつ情報活用能力は日常生活でも発揮されているだろう。また，この人は仮に別の仕事に就いたとしても，新しい仕事の場で情報活用能力を発揮して，またその道で「仕事のできる人」になっていくだろう。このことはすなわち，この人の生活や仕事を支える「基盤」として情報活用能力が機能していると考えることができる。

2.　これからの情報社会

　スマートフォンで思い出の写真を記録し，SNSに発信するなど，私たちは日常的に周囲と常にコミュニケーションしている。いざとなればいつでもスマートフォンに頼るという生活をしている私たちは，スマートフォンを忘れた時に少し不安に感じることはないだろうか。多くの人が少し依存傾向にあることを自覚していることだろう。また，スマートフォンを使って消費する時間が増えることにより，人間関係の行き違いもまたスマートフォンを介して生じる。これらは，便利なテクノロジーであるスマートフォンの影の部分だと考えてよい。

　スマートフォンで切符やホテルの予約ができるのは，ネットワークの向こうにある予約システムのおかげである。美味しい食事場所の紹介もまた，多数のレストラン情報を登録したグルメサイトのおかげである。私たちはこれらのシステムに助けられ，便利かつ効率的に日々の生活を送ることができている。その一方で，昔は人手で行われていた予約業務や案内業務はいつしかアプリに置き換えられ，それによって職を失った人や立ちゆかなくなった会社があることが想像できる。

　スマートフォンがこれだけ普及し，日々の生活で日常的にさまざまなテクノロジーを利用しているにもかかわらず，私たちは，例えばスマートフォンがどのようにインターネットに接続されるのかについてはあまり考えたこともない。テクノロジーの利用は多くても，テクノロジーに対する知識は不足しており，そのため，知識に基づく思考や判断は十分ではないのである。そのテクノロジーがどういういきさつで世の中に出現し，私たちの生活や社会にどのような影響を与えているのかについても無自覚で，便利な日常に対して盲目的になってしまってはいないだろうか。

　これからもテクノロジーは常に進化し，私たちは常にテクノロジーに支援され，社会はそれを前提に動いている。これが情報社会である。あらゆる仕事でテクノロジーを的確に用いていかなければならない時代を生きていくことになる今の子供たちには，これらのテクノロジーがどんな仕組みで動いていて，何ができ，何が苦手なのか，私たち人間はテクノロジーをどう使っていくことが，より人間らしく生きていくことにつながるのかを理解しておいてもらわなければならない。これらは，情報化の未来に関する知識や興味・関心をもつ必要性を示している。

3.　情報活用能力の定義

　文部科学省（2010）では，「情報活用能力」という用語を，「情報活用の実践力」「情報の科学的な理解」「情報社会に参画する態度」の三つの要素で定義している。

　A．情報活用の実践力
　課題や目的に応じて情報手段を適切に活用することを含めて，必要な情報を主体的に収集・判断・表現・処理・創造し，受け手の状況などを踏まえて発信・伝達できる能力
　B．情報の科学的な理解
　情報活用の基礎となる情報手段の特性の理解と，情報を適切に扱ったり，自らの情報活用を評価・改善するための基礎的な理論や方法の理解
　C．情報社会に参画する態度
　社会生活の中で情報や情報技術が果たしている役割や及ぼしている影響を理解

し，情報モラルの必要性や情報に対する責任について考え，望ましい情報社会の創造に参画しようとする態度

　この三つの観点は，相互に関連を図りながらバランスよく指導することが重要であるとされている。また，この情報活用能力の育成は，小学校には情報教育を専門的に扱う特定の教科等を置かず各教科等で横断的に，中学校では技術・家庭科技術分野を中心に各教科等で，高等学校では共通教科情報を中心に各教科等で行うこととなっている。

第 2 節　情報活用能力の実態

1. 情報活用能力調査

　文部科学省は，小学校 5 年生，中学校 2 年生，高校 2 年生に対して情報活用能力調査を実施した。この調査は CBT（コンピュータ使用型テスト：Computer Based Testing）として実施された。

　情報活用能力調査の結果（文部科学省 2022）によれば，児童生徒の情報活用能力を 9 段階にマッピングしたところ，小学生より中学生が，中学生より

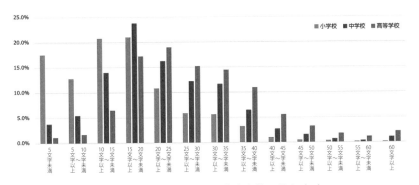

図4.1　1分間あたりの入力文字数の分布（％）

（出所）文部科学省（2022）

高校生が高い段階に分布していることが鮮明になった。調査項目のうちの一つであるキーボードによる 1 分間あたりの平均文字入力数は，小学校 15.8 文字，中学校 23.0 文字，高等学校 28.4 文字であったが，小学生には 1 分間に 15 文字未満しか入力できない児童が 51.2％ もおり（**図 4.1**），文字入力が思考や表現を妨げてしまっている可能性が示唆された。これらは ICT を活用して学ぶ経験が希薄であることに起因すると考えられる。

2. PISA 調査

経済協力開発機構（OECD）による「生徒の学習到達度調査」（PISA：Programme for International Student Assessment）は，各国の義務教育修了段階の 15 歳の生徒がもっている知識や技能を，実生活のさまざまな場面で直面する課題にどの程度活用できるかを評価する調査であり，読解力，数学的リテラシー，科学的リテラシーの三分野について調査を行う。

わが国は，三分野ともに毎回平均得点では上位に位置している。2015 年については，2012 年と比較して読解力の平均得点が有意に低下しており，この原因は CBT への慣れの不足だというのが国立教育政策研究所の見解であった（国立教育政策研究所 2017a）。この結果は，情報活用能力調査の結果と同様，ICT を活用して学ぶ経験が希薄であることに起因していると考えられる。

PISA2015 では，同時に協同問題解決能力調査という調査が行われ，学習場面における ICT 活用についても調査されている（国立教育政策研究所 2017b）。「ほかの生徒と共同作業をするためにコンピュータを使う」という利用頻度に関する質問に対して，日本は参加国 47 カ国中 47 番目であった。スマートフォンの所持率や家庭へのインターネットの普及率は世界上位であることをふまえると，情報活用能力の不足は学校における学習場面での ICT 活用の頻度が他国と比較して著しく低いことに起因していると考えられる。

3. PIAAC 調査

　国際成人力調査（PIAAC：Programme for the International Assessment of Adult Competencies）は，OECD が実施する各国の成人のスキルの状況を把握する調査である。16歳～65歳までの男女個人を対象として，読解力，数的思考力，IT を活用した問題解決能力の三分野について 2011 年に調査が実施された（国立教育政策研究所 2013）。

　わが国の成人は，読解力および数的思考力の二分野において，平均得点で参加国中第1位であった。一方，IT を活用した問題解決能力については，コンピュータ調査と紙での調査を選択可能となっていたが，わが国は紙での調査を選択した者の割合が 36.8％であり，OECD 平均の 24.4％を大きく上回った。

　わが国の成人の読解や数的思考のスキルは極めて高く，また ICT を活用できる人はその活用において極めて高いスキルをもっているものの，ICT 活用を選択しない割合が高いことから，ICT を避けている可能性も示唆される。これもまた，ICT を活用して学ぶ経験が希薄であることに起因している可能性がある。

第3節　学習指導要領と情報活用能力

1. 学習の基盤となる情報活用能力

　2017（平成 29）年告示の小学校学習指導要領総則の第1章第2の2の（1）には，「学習の基盤となる資質・能力」について以下のように記述されている（括弧内は中学校・高等学校）。

　（1）各学校においては，児童（生徒）の発達の段階を考慮し，言語能力，情報活用能力（情報モラルを含む。），問題発見・解決能力等の学習の基盤となる資質・能力を育成していくことができるよう，各教科等の特質を生かし，教科等横断的な視点から教育課程の編成を図るものとする。

　各教科等で育成する資質・能力を，教科等の枠を超えて基盤として支える資質・能力があるということが書かれているのがこの記述である。各教科等に留まらない横断的な能力であると同時に，「基盤」という言葉が示すように各教科等の学習においてベースとなって機能する資質・能力として説明されている。

　加えて，小学校学習指導要領の総則の第1章第3の1の (3) には，「児童がコンピュータで文字を入力するなどの学習の基盤として必要となる情報手段の基本的な操作を習得するための学習活動」を計画的に行うことが示された。ICT を活用する学習活動は，中学校以降においても各教科等において行われることから，ICT の基本的な操作スキルの習得は小学校において強く求められていることになる。

　学習指導要領解説の総則編によれば，「学習活動を円滑に進めるために必要な程度の速さでのキーボードなどによる文字の入力」がまず挙げられている。単にキーボード入力ができるということではなく，学習活動がそれによって滞らない程度のスキル習得が期待値となる。

2.　各教科等における情報活用能力の習得や発揮

　小学校学習指導要領では，国語に「第3学年におけるローマ字の指導に当たっては (中略) コンピュータで文字を入力するなどの学習の基盤として必要となる情報手段の基本的な操作を習得し，児童が情報や情報手段を主体的に選択し活用できるよう配慮することとの関連が図られるようにすること」と記されている。社会には「学校図書館や公共図書館，コンピュータなどを活用して，情報の収集やまとめなどを行うようにすること」，図画工作には「コンピュータ，カメラなどの情報機器を利用することについては，表現や鑑賞の活動で使う用具の一つとして扱う」ことなど，児童による ICT 活用の学習場面が例示されている。そのほか，すべての教科等において，「児童がコンピュータや情報通信ネットワークを積極的に活用する機会を設けるなどして，指導の効果を高めるよう工夫すること」といった記載がみられる。

　中学校学習指導要領では，数学には「コンピュータなどの情報手段を用い

るなどしてデータを表やグラフに整理すること」「データを整理し箱ひげ図
で表すこと」「無作為に標本を取り出し，整理すること」など，領域「デー
タの活用」における生徒による ICT 活用の学習場面が例示されている。理
科には「観察，実験の過程での情報の検索，実験，データの処理，実験の計
測などにおいて，コンピュータや情報通信ネットワークなどを積極的かつ適
切に活用するようにすること」といった記載がみられる。

　限られた授業時数の中で，主体的・対話的で深い学びに導くためのこれら
の学習活動を支えるために，情報活用能力が基盤として備わっていることが
不可欠である。

第4節　情報モラル教育

1. 情報モラルとは

　先にも述べたように，学習指導要領の総則において，情報活用能力が学習
の基盤となる資質・能力として位置づけられている。ここでの記述は「情報
活用能力（情報モラルを含む。）」となっており，情報活用能力に情報モラルが
含まれることを明示している。

　携帯電話・スマートフォンの普及により，児童生徒の所持率が高くなって
きたことに伴って，SNS 上でのいわゆるネットいじめや個人情報等の漏洩，
インターネット上での匿名による誹謗中傷や炎上，さらには犯罪や違法・有
害情報に恒常的に接触する問題，これらの利用の長時間化による生活習慣の
破綻など，特に中学生においてさまざまな課題が生じており，情報モラル教
育の重要性が高まっている。

　「教育の情報化に関する手引」（文部科学省 2010）では，「情報モラル」は「情
報社会で適正な活動を行うための基になる考え方と態度」と定義されている。

2. 情報モラル教育における学習活動

　学習指導要領解説総則編によれば，具体的には，「他者への影響を考え，

人権，知的財産権など自他の権利を尊重し情報社会での行動に責任をもつことや，犯罪被害を含む危険の回避など情報を正しく安全に利用できること，コンピュータなどの情報機器の使用による健康との関わりを理解すること」などであるとされている。影響の理解と対応，権利尊重や危険回避を伴った行動といったもののうち，ICT や情報社会に関わる部分が情報モラル教育の範疇となる。

　これらの考え方は，情報モラル教育が重視され始めて以来，一貫して変わっていないが，情報技術そのものや，情報サービス，ツール等には大きな変化が生じていることから，学校レベルで児童生徒の活用実態を把握することや，他校や他地域で起こった事案等に関する最新の情報の入手に努める体制を準備する必要がある。例えば，インターネット上に発信された情報は，広く公開される一方で，完全に消し去ることはできないといった，情報や情報技術の特性についての理解に基づいた情報モラル教育である必要がある。

　情報モラルに関する事案の多くは，学習指導と生徒指導のいずれにも関わるものであると同時に，学校内と学校外にまたがるものであり，登場人物が多くなる傾向にあるため，適切な指導体制の確立が必要である。生徒指導上の課題を理由にやみくもに利用を制限することは情報モラル教育の趣旨に反しており，適正な利活用を行うための情報モラル教育であるという趣旨に戻って対応を検討していくことが肝要である。

第5節　小学校プログラミング教育

1. 小学校におけるプログラミング教育とは

　小学校学習指導要領総則には「児童がプログラミングを体験しながら，コンピュータに意図した処理を行わせるために必要な論理的思考力を身に付けるための学習活動」を各教科等の特質に応じて計画的に実施すると記されている。

　また，プログラミングを体験しながら論理的思考力を身につけるための学習場面として，算数では第5学年で「正多角形の作図を行う学習に関連して，

正確な繰り返し作業を行う必要があり，更に一部を変えることでいろいろな正多角形を同様に考えることができる場面などで取り扱うこと」，理科では第6学年で「電気の性質や働きを利用した道具があることを捉える学習など，与えた条件に応じて動作していることを考察し，更に条件を変えることにより，動作が変化することについて考える場面で取り扱うものとする」と例示されている。また，総合的な学習の時間では「プログラミングを体験することが，探究的な学習の過程に適切に位置付くようにすること」と留意点が示されている。

　小学校段階でのプログラミング教育は，情報技術に関する正確な理解やコーディング等を期待しているのでもなく，あくまでプログラミング体験を通したプログラミング的思考の育成が目標である。小学校段階でのプログラミング教育は，中学校技術・家庭技術分野の領域「情報の技術」における「情報のデジタル化や処理の自動化，システム化，情報セキュリティ等に関わる基礎的な技術の仕組み」の学習に接続している。さらに高等学校の共通教科情報で必履修科目となる「情報Ⅰ」におけるプログラミングやネットワーク（情報セキュリティを含む），データ活用等の学習に接続している。

2. 小学校におけるプログラミング教育のねらい

　「小学校プログラミング教育の手引（第二版）」（文部科学省 2018）には，小学校におけるプログラミング教育のねらいとして以下の3点が示されている。

> ①「プログラミング的思考」を育むこと
> ②プログラムの働きやよさ，情報社会がコンピュータ等の情報技術によって支えられていることなどに気付くことができるようにするとともに，コンピュータ等を上手に活用して身近な問題を解決したり，よりよい社会を築いたりしようとする態度を育むこと
> ③各教科等の内容を指導する中で実施する場合には，各教科等での学びをより確実なものとすること

　①の「プログラミング的思考」とは，プログラミングを体験することによ

って身につく，順次・繰り返し・分岐などプログラミングにおける基本的な思考パターンを知ったうえで，それらを論理的な思考として用いることである。

　②は，プログラミングの体験をふまえて，自分たちの身の回りにはプログラムされた情報技術がたくさん存在することに気づかせることであり，もっと便利にするためにはどのようにすればよいかを考える態度が期待されている。

　③は「各教科等の内容を指導する中で実施する場合には」とあるように，①や②で身につけたプログラミングの考え方を各教科等での学びに活用し，各教科等の学習をより深い学びにしていこうというものである。この場合，一定のプログラミング体験を通してプログラミング的思考が身についていることが必要となる。

第6節　情報活用能力育成のためのICT環境整備

1. 情報活用能力育成のカリキュラム・マネジメント

　学習の基盤となる情報活用能力は，各教科等の学習においてベースとなって機能することが期待されるが，ではいつ身につけさせればよいのだろうか。

　例えばキーボードなどによる文字の入力であっても，厳密にはOSやサーバ環境，活用するソフトウェアによって操作が異なるが，さほど高い操作スキルが求められているわけではないことから，これらのICT操作を伴う学習活動を，各教科等の特質に応じて計画的に実施していくようなカリキュラム・マネジメントが必要となる。

　学習指導要領解説総則編には，ほかにも，各教科等において「文章を編集したり図表を作成したりする学習活動」「様々な方法で情報を収集して調べたり比較したりする学習活動」「情報手段を使った情報の共有や協働的な学習活動」「情報手段を適切に活用して調べたものをまとめたり発表したりする学習活動」などが例示されているが，これらのICT活用の基本的な操作スキルについては，ある一定期間に集中的に数時間の操作体験をさせたうえで，各教科等で意図的・計画的にICT活用を盛り込んだ学習活動を計画す

分類			
A. 知識及び 技能	1	情報と情報技術を適切に活用するための知識と技能	①情報技術に関する技能 ②情報と情報技術の特性の理解 ③記号の組合せ方の理解
	2	問題解決・探究における情報活用の方法の理解	①情報収集，整理，分析，表現，発信の理解 ②情報活用の改革や評価・改善のための理論や方法の理解
	3	情報モラル・情報セキュリティなどについての理解	①情報技術の役割・影響の理解 ②情報モラル・情報セキュリティの理解
B. 思考力， 判断力， 表現力等	1	問題解決・探究における情報を活用する力（プログラミング的思考・情報モラル・情報セキュリティを含む）	事象を情報とその結び付きの視点から捉え，情報及び情報技術を適切かつ効果的に活用し，問題を発見・解決し，自分の考えを形成していく力 ①必要な情報を収集，整理，分析，表現する力 ②新たな意味や価値を創造する力 ③受け手の状況を踏まえて発信する力 ④自らの情報活用を評価・改善する力　等
C. 学びに 向かう力・ 人間性等	1	問題解決・探究における情報活用の態度	①多角的に情報を検討しようとする態度 ②試行錯誤し，計画や改善しようとする態度
	2	情報モラル・情報セキュリティなどについての態度	①責任をもって適切に情報を扱おうとする態度 ②情報社会に参画しようとする態度

図 4.2　IE-School における情報活用能力の要素（平成 30 年度版）

ることによって身に付けることができる。

　教科横断的に情報活用能力を育成するモデルとして，文部科学省は情報教育推進校（IE-School）による調査研究を実施し，情報活用能力が体系的に整理された（文部科学省 2019）。この調査では，学習の基盤となる資質・能力としての情報活用能力を，「知識及び技能」「思考力，判断力，表現力等」「学びに向かう力・人間性等」の「三つの柱」で整理しており，各学校でのカリキュラム・マネジメントの参考にすることができる。

2. 情報活用能力育成のための ICT 環境整備

　学習指導要領の総則には「各学校において，コンピュータや情報通信ネッ

トワークなどの情報手段を活用するために必要な環境を整え」と記載されている。これは，学習指導要領（平成 29・30 年告示）においては情報活用能力が学習の基盤となる資質・能力とされていることから，児童生徒が日常的に ICT を活用する環境が整備されていることが不可欠であることを背景にしている。

　なお，「各学校において」と記載されているが，厳密には ICT 環境整備そのものは設置者の責務であり，義務教育段階においては区市町村が，国において示す整備指針等をふまえつつ ICT 環境整備に精力的に取り組む必要がある。特に今後は，学習者用コンピュータの台数が増えることと，安定的に稼働するネットワーク環境を確保すること，フィルタリング機能の措置や個人情報の漏えい等の情報セキュリティ事故を防止する対策などが現実的な課題となる。

　自治体間格差が大きな問題となっており，ICT 環境整備に対する設置者の理解が極めて重要である。文部科学省は，ICT 環境整備の基準について公開している（文部科学省 2017）。

［堀田　龍也］

● **考えてみよう！**

▶ 日々の生活や学習の中で，情報活用能力が基盤として発揮されている例を具体的に挙げてみよう。

▶ 各教科等の学習の中で，児童生徒が ICT を活用して学習した方が効果があがりそうな学習内容を調べてみよう。

▶ 小学生がプログラミングを体験するための教材にはどのようなものがあるか調べてみよう。

● **引用・参考文献**
国立教育政策研究所（2013）「国際成人力調査（PIAAC）」http://www.nier.go.jp/04_kenkyu_annai/div03-shogai-piaac-pamph.html（2019.4.1 最終閲覧）
国立教育政策研究所（2017a）「OECD 生徒の学習到達度調査（PISA2015）のポイ

ント」http://www.nier.go.jp/kokusai/pisa/pdf/2015/01_point.pdf（2019.4.1 最終閲覧）

国立教育政策研究所（2017b）「OECD 生徒の学習到達度調査 PISA2015 年協同問題解決能力調査―国際結果の概要―」http://www.nier.go.jp/kokusai/pisa/pdf/pisa2015cps_20171121_report.pdf（2019.4.1 最終閲覧）

文部科学省（2010）「教育の情報化に関する手引」http://www.mext.go.jp/a_menu/shotou/zyouhou/1259413.htm（2019.4.1 最終閲覧）

文部科学省（2017）「学校における ICT 環境の整備について（教育の ICT 化に向けた環境整備5か年計画（2018～2022年度））」http://www.mext.go.jp/a_menu/shotou/zyouhou/detail/1402835.htm（2019.4.1 最終閲覧）

文部科学省（2018）「小学校プログラミング教育の手引（第二版）」http://www.mext.go.jp/a_menu/shotou/zyouhou/detail/1403162.htm（2019.4.1 最終閲覧）

文部科学省（2019）「次世代の教育情報化推進事業　情報教育の推進等に関する調査研究」http://www.mext.go.jp/a_menu/shotou/zyouhou/detail/1400796.htm（2019.5.31 最終閲覧）

文部科学省（2022）「情報活用能力調査（令和3年度実施）の結果」https://www.mext.go.jp/a_menu/shotou/zyouhou/detail/mext_00028.html（2023.10.10 最終閲覧）

※　本章は高橋編（2019）の第3章を加筆修正のうえ再掲したものである。

第5章

学習評価

● **本章のねらい** ●

　学習評価は，児童生徒の学習状況を把握し，フィードバックする機能だけでなく，学習活動を評価すると同時に学習指導の改善にも活かす「指導と評価の一体化」が重要であり，一連の評価活動を児童生徒の学びと指導の改善に活かし，教育活動全体のプロセスに適切に位置づけることが求められる。本章では，学習評価の基礎的な考え方について，学校における評価活動と対応させて解説していく。

第1節　学習評価とは

　学校での「評価」というと，まず，ペーパーテストや通信簿（通知表）をイメージするかもしれない。それらは評価の一部であり，学校での学習を対象とした評価は，一連の学習指導の中で行われている。例えば，発問や指示への反応をみながら児童生徒を指導する，学習活動の状況をみて指導の在り方を修正する，単元終了後に指導計画全体の見直しを行う，それぞれの場面で学習者の状況を把握し，評価活動が行われている。このように，児童生徒の学習状況の評価においては，学習活動を評価すると同時に学習指導の改善にも活かすこと，すなわち「指導と評価の一体化」を図り，指導の質を高めることが重要である。

　授業の経験が少ない教育実習生は，指導の計画とその評価に関する記録，児童生徒や学級全体の観察記録を行う際に苦労することが多い。指導の計画を立案し，指導案を作成する段階では，学習者の実態や授業中の学習者の反応を推測して書くことが難しいからである。授業後には，授業全体についての評価はできても，一人一人の学習状況，すなわち誰がどの程度，本時の目標を達成していたかについて十分な情報を得ていないことを経験するだろう。特徴のある児童生徒については，授業中の発言や態度，休み時間の対話などを通してある程度把握できるかもしれないが，目立たない児童生徒については何も情報を得ていないかもしれない。日々の授業，教育活動を通して評価情報を蓄積していくためには，評価の方法，場面，対象等を検討し，計画的に行う必要がある。評価のための評価，児童生徒を序列化する評価とならないように留意しながら，一人一人の成長を多面的に捉える工夫が求められるのである。

第 2 節　学習指導要領の改訂と評価の変遷

　約 10 年ごとに改訂される学習指導要領の趣旨が学習評価の基本的な考え方に反映され，指導要録において具体化されてきた。指導要録は，児童生徒の学籍並びに指導の過程および結果の要約を記録し，その後の指導に役立たせるとともに，外部に対する証明等の際の原簿となるものであり，各学校での作成が学校教育法施行規則で義務づけられている。指導要録における評価方法や観点等は，日頃の学習指導と評価において基盤となる考え方や方法を示すものであり，重要な役割を果たしている。学習指導要領の改訂時には，指導要録に記載すべき事項や様式等が文部科学省から各教育委員会等に通知され，各教育委員会等が，所管する学校の指導要録の様式等を定めている。

　1977-78（昭和 52-53）年の学習指導要領改訂により，目標の達成状況を観点ごとに評価する観点別評価が導入された。児童生徒が身につける必要がある学力は，知識・技能のみならず，学ぶ意欲や思考力，判断力，表現力など

を含む幅広い学力である。このような学力がどの程度身についているかを的確に把握するため、「関心・意欲・態度」「思考・判断」「技能・表現」「知識・理解」の4つの観点から見た学習状況の評価（観点別学習状況の評価）を行うことになった（観点の数は教科によって異なっているものもある）。観点別学習状況の評価は、各教科の学習状況を分析的に評価するものであり、学習指導要領に示す目標に照らして、その実現状況を観点ごとに評価する。

　1998-99（平成10-11）年の学習指導要領改訂時には、評定についてもそれまでの「集団に準拠した評価」から「目標に準拠した評価」に移行している。評定は、観点別学習状況を基本として、各教科の学習状況を総括的に評価するものであり、小学校（第3学年以上）では3、2、1の3段階（「十分満足できる」「おおむね満足できる」「努力を要する」）、中学校では5、4、3、2、1（「十分満足できるもののうち、特に程度かが高い」「十分満足できる」「おおむね満足できる」「努力を要する」「一層努力を要する」）の5段階で評価するものである。観点別学習状況の評価は「目標に準拠した評価」であったが、評定についても同様に行うことになったのである。

　目標に準拠した評価は、目標を規準とすることから絶対評価とも言われており（絶対評価には戦前の教師を規準とする評価を指していることもあるので注意する必要がある）、学習指導要領に示す目標がどの程度実現したか、その実現状況を見る評価のことを指す。

　一方、集団に準拠した評価は、相対評価であり、学年や学級などの集団においてどのような位置にあるかを見る評価のことを指す。評価の客観性や信頼性を約束する科学的な評価として導入され、偏差値に過度に依存した進路指導が問題とされる現在でも入試等では相対評価が行われている。しかし、以下のような問題点が指摘されている。相対評価では、できない子が必ず存在し、集団の誰かの評価が上がれば、必然的に誰かの評価は下がることになる。そもそも、集団における相対的な位置は示せても、集団全体が到達すべき目標に達成していない場合など、学習状況の実態を示すことはできない。

　指導要録には、総合所見および指導上参考となる諸事項について記載する欄もあり、ここには、児童生徒の状況を総合的に捉え、優れている点や長所、

進歩の状況などを取り上げることとなっている。これは，評価の規準を児童生徒自身におき，継続的に評価する個人内評価といわれるものであり，観点別学習状況の評価や評定には示しきれない子供たち一人一人のよい点や可能性を積極的に評価しようとするものである。

　指導要録は，学校における評価の公式な記録であるが，学習の評価は，日常的に，児童生徒や保護者に説明する必要がある。児童生徒や保護者と評価情報を共有する場合には通信簿（通知表）が用いられる。各学校において，子供自身や保護者に学習状況を伝え，その後の学習を支援することに役立たせるために作成されているものである。その扱い，記載内容や方法，様式などは各学校の判断で適宜工夫されているが，指導要録の記載や様式等がベースになっている場合が多い。

　また，調査書（内申書）は，高等学校等の入学者選抜のための資料として作成されるものであり，生徒の平素の学習状況等を評価し，学力検査で把握できない学力や学力以外の生徒の個性を多面的に捉えたり，生徒の優れている点や長所を積極的に評価しこれを活用していくという趣旨のものである。調査書は，各都道府県教育委員会等において，その様式や記載事項が定められている。

　このように，評価の方法は学習指導要領の改訂によって変わり，それに伴って作成の目的や機能が異なる指導要録，通信簿，調査書の内容や形式にも反映されている。

　なお，文部科学省は，「小学校，中学校，高等学校及び特別支援学校等における児童生徒の学習評価及び指導要録の改善等について（通知）」（2019年3月29日）において，指導要録の作成等を情報通信技術を用いて行うことは，現行の制度上も可能であり，「統合型校務支援システムの整備により文章記述欄などの記載事項が共通する指導要録といわゆる通知表のデータの連動を図ることは教師の勤務負担軽減に不可欠」であること等を通知している。

第3節　診断的評価　形成的評価　総括的評価

　これまでに述べた指導要録，通信簿（通知表），調査書（内申書）は，学年末，学期末に実施される総括的評価である。評価が入学試験のように児童生徒を序列・選別するためのものであれば，教育活動の最後に評価を行えばよいということになるが，学力や発達を保証するために行うのであれば，それだけでは十分とはいえない。先に述べたように「指導と評価の一体化」は一連の学習指導の中で行われるべきものであり，学習前の実態把握や，学習活動のプロセスにおける評価が必要となる。

　授業の過程で行われる評価の機能は，実施のタイミングによって診断的評価，形成的評価，総括的評価に大きく分けられる。

1.　診断的評価

　学習の前提となる学力や生活経験等の実態を把握するために行う評価のことである。新たな単元に入る前に既習事項に関わる知識の程度，習熟度，興味関心などをテストや調査等で調べ，その実態に即して授業の計画に活かすのである。例えば，2位数×1位数のかけ算を学ぶ場合に，九九の習熟が不十分な場合には，単元の開始前に補充指導を行ったり，地域に関する学習の前に，その地域に関する知識や体験等を調べ，その情報をもとに発問や課題を検討したりするのである。その他，学校全体の指導計画や学級編成，学級指導に活かすために入学前や新学年への移行時に必要な情報を得て，その後の指導の方針を検討する場合もある。

2.　形成的評価

　授業のプロセスで実施される評価活動である。学習目標の到達に向けて計画通りに学習が進んでいるか，学習者がつまずいていないかを確認し，必要に応じて計画を見直し，状況に応じて軌道修正を行う。この評価活動は，修正も含めて，授業中，授業後，単元終了後など，日常的に行われるものであ

る。小テストだけでなく，児童生徒の発言，机間指導，ノートやワークシートのチェックなどの多様な方法によって理解度や定着度を確認し，教師の指導の在り方のみならず，学習活動，学習形態，学習時間等，学習を成立させるために必要な手立てを吟味し，適切に組み合わせて対処することに留意する必要がある。また，形成的評価によるフィードバックが，児童生徒自身が自らの学習状況を把握し，今後の学習活動に活かすことにつながるよう配慮することも重要である。

3. 総括的評価

　総括的評価は，指導要録，通信簿（通知表），調査書（内申書）に代表されるように一定期間の最終的な評価である。一定の内容を指導した単元終了時に行うテストは，次の単元のための診断的評価や一学期，一年間というスパンにおける形成的評価にも位置づけられるが，総括的評価でもある。いずれにもしても，児童生徒の学習目標の達成状況を明確にすることで，教師はこれまでの指導を総合的に判断する材料となる。

　診断的評価に基づく指導計画の作成，形成的評価による計画の見直し，最終的な評価としての総括的評価という一連の評価活動を児童生徒の学びと指導の改善に活かし，教育活動全体のプロセスに適切に位置づけることが重要である。

第4節　評価規準と評価基準

　2000（平成12）年の教育課程審議会答申「児童生徒の学習と教育課程の実施状況の評価の在り方について」を受け，学習指導要領に示す目標に照らして観点別学習状況の評価と評定の両方が目標に準拠した評価として実施されるようになった。この考え方は2010（平成22）年の中央教育審議会教育課程部会報告「児童生徒の学習評価の在り方について」で引き継がれ，学習評価の改善に係る三つの基本的な考え方が示された。

　○　目標に準拠した評価による観点別学習状況の評価や評定の着実な実施

　　○　学力の重要な要素を示した新学習指導要領等の趣旨の反映

　　○　学校や設置者の創意工夫を生かす現場主義を重視した学習評価の推進

　そして，学習指導要領等の目標に照らしてきめの細かい学習指導の充実と児童生徒一人一人の学習内容の確実な定着を目指すために導入された目標に準拠した評価について，文部科学省は，以下のことを行っている。

　　○　学校教育法に規定する各学校段階別の目標に基づき，学習指導要領において各教科別の目標と各学年別の目標を規定。

　　○　評価の観点は，教育課程部会報告に基づく通知において，教科別の評価の観点と趣旨，各教科の学年別の評価の観点を示す。

　　○　各学校の評価規準設定に資するため，内容のまとまりごとの設定例，単元（題材）ごとの評価規準の設定例は，国立教育政策研究所の参考資料により示す。

2011-2013（平成 23-25）年に公表された国立教育政策研究所の「評価規準の作成，評価方法等の工夫改善のための参考資料」では，校種，教科毎に学習評価の基本的な考え方，評価規準の設定例，具体的な評価方法等について示されている。

　目標に準拠した評価では，評価基準となる目標を明確にすることが必要となり，この設定をどのように行うのかが課題となるが，国がこうした参考資料を示すことで普及を図ったのである。

　ところで，「ヒョウカキジュン」には，「評価規準」の他にもうひとつ「評価基準」がある。田中耕治編『よくわかる教育評価』では，二つの違いが以下のように説明されている。

　規準とは教育評価を目標に準拠しておこなうということ。すなわち「目標に準拠した評価」という教育評価の立場を表明することばで，これに対し，「基準」は「規準」に従って教師が実際に評価をおこなうときに，それを指標として用いることができるよう具体化したもの。つまり，ある目標（「規準」）について，これがこういうかたちでできていれば 5，ここまでであれば 4 ということを示して，教師に子供の目標に対する達成の度合いや程度を把握させるもの。

（田中　2005：27）

　先の参考資料における規準は「おおむね満足できる」と判断される状況として示されている。これを「評価基準」にするためには，3段階では「十分満足できる」「おおむね満足できる」「努力を要する」，5段階であれば「十分満足できるもののうち，特に程度かが高い」「十分満足できる」「おおむね満足できる」「努力を要する」「一層努力を要する」と判断される状況を具体化する必要がある。この具体化の作業を行う時，ルーブリックの考え方が参考になる。

> 　米国で開発された学修評価の基準の作成方法であり，評価水準である「尺度」と，尺度を満たした場合の「特徴の記述」で構成される。記述により達成水準等が明確化されることにより，他の手段では困難な，パフォーマンス等の定性的な評価に向くとされ，評価者・被評価者の認識の共有，複数の評価者による評価の標準化等のメリットがある。
> 　（中央教育審議会「新たな未来を築くための大学教育の質的転換に向けて～生涯学び続け，主体的に考える力を育成するために～」答申（平成24年3月）（用語集））

　「十分満足できる」「おおむね満足できる」「努力を要する」の三つの尺度を設定する場合には，それぞれのレベルを満たした場合の評価規準からなる評価基準表を作成することになる。実際の評価場面では，ルーブリックにしたがって教師がどのレベルかを評価することになるが，児童生徒が自分自身のレベルを把握し，上のレベルを目指すために何をすればよいのかの見通しをもつことが可能となる。

第5節　真正の評価

　2017（平成29）年告示の学習指導要領では，社会に開かれた教育課程が強調され，社会や世界の状況を幅広く視野に入れ，よりよい学校教育を通じてよりよい社会を創るという目標をもち，教育課程を介してその目標を社会と共有していくこと，これからの社会を創り出していく子供たちが社会や世界

に向き合い関わり合い，自らの人生を切り拓いていくために求められる資質・能力とは何かを教育課程において明確化し育んでいくこと等，現実の社会，実生活に通用する学力の育成が求められている。評価においても，社会と切り離された状況や課題によって行うのではなく，実生活で直面するような課題によって行おうとする「真正の（オーセンティック）評価」に向けた取組みが求められ，パフォーマンス評価やポートフォリオ評価が注目されるようになった。

1. パフォーマンス評価

　パフォーマンス評価は，論述やレポートの作成，発表，グループでの話合い，作品の制作等，子供の多様な学習活動を評価すること，すなわち「パフォーマンスに基づく評価」を意味する。実際には学習者のパフォーマンスを試すパフォーマンス課題を設計し，それに対する活動のプロセスや成果物を評価することが多い。パフォーマンス課題は，現実的な状況や文脈の中で，知識やスキルを活用し，思考・判断して表現する，実践することを求める課題である。学習活動のプロセスで学習活動の一部分や実技を評価の対象とする場合も含み，成果物やプレゼンテーションなどを評価する。テストを始めとする従来型の評価方法では，評価の方法とタイミングが固定されていたが，パフォーマンス評価の方法は多種多様であり，学習者のパフォーマンスに合わせて行われる授業や学習に埋め込まれた評価である。ただし，「真正の評価」であるためには，課題の真正性が授業実践に埋め込まれていることが前提となっていることに留意する必要がある。

2. ポートフォリオ

　ポートフォリオとは，作品，作品を作る過程で生み出されるメモや下書き，収集した資料，活動や自己評価の記録，教師の指導と評価の記録などを，系統的・継続的に蓄積していくものである。
　「ポートフォリオ評価法（portfolio assessment）」とは，ポートフォリオ作りを通して，学習に対する自己評価を促すとともに，教師も子供の学習活動と

自らの教育活動を省察するアプローチである。このプロセスに相互評価を取り入れることの重要性も指摘されている。

　学習プロセスを通した継続的な学習成果物や学習記録などのエビデンスによって，幅広い資質・能力（思考力・判断力・表現力，深い理解，汎用的スキルなど）を評価できる。また，学習の目標を教師と児童生徒が共有することによって，学習の意義が理解しやすくなり，学習意欲を高め主体的，自律的な学習に取り組むことができる。

　このポートフォリオの学習プロセスにおいて収集できうるあらゆる学習エビデンスを，情報技術を用いて継続的に蓄積した電子データやそのためのシステムをeポートフォリオという。GIGA スクール構想による一人一台端末の整備によって，個々の学習状況や成果物等を電子的に蓄積し，学習の振り返り等も記述していくことで，学習者自身の自己評価に加え，相互に参照し，フィードバックし合うことによる相互評価や教師による学習プロセスの評価等も容易に行えるようになった。

第 6 節　児童生徒の学力実態の把握のための全国調査，国際比較調査

　評価方法の一手段であるテストは，標準テストの開発等によって妥当性（測ろうとしているものを本当に測れているか）と信頼性（測ろうとしているものを正確に測っているか）を高め，客観的な評価方法として定着しており，児童生徒の学力実態の把握のための全国調査，国際比較調査が行われている。

1.　全国学力・学習状況調査
　日本では，2007（平成 19）年度から義務教育の機会均等とその水準の維持向上の観点から，以下の目的で，全国学力・学習状況調査が実施されている。

　　・全国的な児童生徒の学力や学習状況を把握・分析することによって国や
　　　すべての教育委員会における教育施策の成果と課題を分析し，その改善

を図る。

・学校における個々の児童生徒への教育指導や学習状況の改善・充実等に役立てる。

・そのような取組を通じて，教育に関する継続的な検証改善サイクルを確立する。

　全国学力・学習状況調査の結果等を学校，教育委員会が活用・分析し，学力や学習状況等に課題の見られる学校の改善，地域内の学校が共通に有しており，地域的に解決が求められている課題や，地域的な事情等から個々の学校のみでは解決が困難な課題等の改善に取り組んでいる。

　2023（令和5）年度の調査では，中学校で4年ぶり2度目となる英語の教科調査も実施され，「話すこと」調査については，一人一台端末等を用いたオンライン方式により実施された。また，質問紙調査についても，学校質問紙はすべての学校で，児童生徒質問紙は約80万人がオンライン方式で実施された。

2. 国際比較調査

　代表的なものとして，義務教育修了段階（15歳）において，これまでに身につけてきた知識や技能を，実生活のさまざまな場面で直面する課題にどの程度活用できるかを測る OECD（経済協力開発機構）による生徒の学習到達度調査（PISA）と初等中等教育段階における児童生徒の算数・数学および理科の教育到達度を国際的な尺度によって測定し，児童生徒の学習環境条件等の諸要因との関係を分析する IEA（国際教育到達度評価学会）による国際数学・理科教育動向調査（TIMSS）がある。

　前章でもみたように，PISA では，2000年から3年ごとに15歳3カ月以上16歳2カ月以下の学校に通う生徒（日本では高等学校1年生）を対象に読解力，数学的リテラシー，科学的リテラシーの三分野と，生徒質問紙，学校質問紙による調査を実施している。2018年に実施された PISA2018 では，数学的リテラシー及び科学的リテラシーは，引き続き世界トップレベルであるが，読解力は，前回より平均得点・順位が統計的に有意に低下し，テキストから

情報を探し出す問題や，テキストの質と信ぴょう性を評価する問題などに課題があった。生徒の ICT の活用状況については，学校の授業での利用時間が短く，学校外では，チャットやゲームに偏っている傾向が見られた。

　なお，前回 2015 年調査からコンピュータ使用型調査に移行している。文部科学省も児童生徒が学校や家庭において，国や地方自治体等の公的機関等が作成した問題を活用し，オンライン上で学習やアセスメントができる公的 CBT（Computer Based Testing）プラットフォームである「文部科学省 BT システム（MEXCBT：メクビット）」を開発・展開しており，令和 5 年 6 月現在，約 2.5 万校，約 800 万人が登録している。

　TIMSS では，1995 年から 4 年ごとに 9 歳以上 10 歳未満の児童，13 歳以上 14 歳未満の生徒（日本では小学校 4 年生，中学校 2 年生）を対象に算数・数学，理科と児童・生徒質問紙，教師質問紙，学校質問紙による調査を実施している。主に学校で学んだ内容について，「知識」「技能」「問題解決能力」の習得状況を評価する。TIMSS2019 では，小学校・中学校いずれも，算数・数学，理科ともに，引き続き高い水準を維持している。前回調査に比べ，小学校理科においては平均得点が有意に低下しており，中学校数学においては平均得点が有意に上昇している。なお，2019 年調査から筆記型調査とコンピュータ使用型調査を選択できることになったが，日本は筆記型調査により参加した。

　こうした国レベル，世界レベルの学力調査に加え，都道府県・指定都市が実施する独自の学力調査等は，広くカリキュラム評価や学校評価に生かすことが可能である。ただし，結果に過度に反応したり，テスト対策を行うなど，競争のための評価とならないよう留意する必要がある。

第 7 節　2017（平成 29）年告示の学習指導要領における評価

　2017（平成 29）年告示の学習指導要領における評価については，中央教育審議会「幼稚園，小学校，中学校，高等学校及び特別支援学校の学習指導要

領等の改善及び必要な方策等について（答申）」（2016 年 12 月 21 日）で，基本方針が以下のように示されている。なお，指導要録の改訂等，具体的な評価のあり方については，中央教育審議会初等中等教育分科会教育課程部会児童生徒の学習評価に関するワーキンググループで審議が行われ，2019 年 1 月に「児童生徒の学習評価の在り方について（報告）」が公表されている（コラム参照）。

○　今回の改訂においては，全ての教科等において，教育目標や内容を，資質・能力の三つの柱に基づき再整理することとしている。これは，資質・能力の育成を目指して「目標に準拠した評価」を実質化するための取組でもある。

○　今後，小・中学校を中心に定着してきたこれまでの学習評価の成果を踏まえつつ，目標に準拠した評価を更に進めていくため，こうした教育目標や内容の再整理を踏まえて，観点別評価については，目標に準拠した評価の実質化や，教科・校種を超えた共通理解に基づく組織的な取組を促す観点から，小・中・高等学校の各教科を通じて，「知識・技能」「思考・判断・表現」「主体的に学習に取り組む態度」の 3 観点に整理することとし，指導要録の様式を改善することが必要である。

○　その際，「学びに向かう力・人間性等」に示された資質・能力には，感性や思いやりなど幅広いものが含まれるが，これらは観点別学習状況の評価になじむものではないことから，評価の観点としては学校教育法に示された「主体的に学習に取り組む態度」として設定し，感性や思いやり等については観点別学習状況の評価の対象外とする必要がある。

　他方，中央教育審議会「学校における働き方改革特別部会」の議論等において，学習評価を行うに当たっての負担感が取り上げられ，実行可能性についても問われている。平成 29 年度文部科学省委託調査「学習指導と学習評価に対する意識調査報告書」（平成 30 年 1 月浜銀総合研究所）では，全校種で「評価規準の作成」，小学校では「指導要録の記載」や「通知表の記載」，中

学校では「単元テストや定期テスト，評価課題の作問や採点」，高等学校で
は「評価方法や評価結果の扱いについての教員間での共通理解」について相
対的に負担感が大きくなっていることを明らかにしている。また，指導要録
の記載についても「総合所見及び指導上参考となる諸事項」について，さら
に小学校では「外国語活動の記録」や「総合的な学習の時間の記録」につい
ても負担が大きい傾向がみられている。教員の負担軽減にも配慮した学習評
価の充実のためには，文部科学省（2019）の通知でも指摘されているように，
統合型校務支援システム等の導入，指導要録への記載など学習評価をはじめ
とした業務の電子化による効率化が求められているのである。

[野中　陽一]

● 考えてみよう！

▶ これまでに自分自身が受けてきた評価がどのような方法，考え方に基づい
て行われたのか，どのような影響があったのかについて考えてみよう。
▶ 一人一人の成長を多面的に捉えるために，日々の授業，教育活動を通して
どのように評価情報を蓄積すればよいか，現実的な方法について検討して
みよう。

● 引用・参考文献

教育課程審議会（2000）「児童生徒の学習と教育課程の実施状況の評価の在り方に
ついて（教育課程審議会答申）（平成 12 年 12 月 4 日）（抄）」https://www.nier.go.
jp/kaihatsu/houkoku/tousin.pdf（2023.10.10 最終閲覧）
国立教育政策研究所（2020）「指導資料・事例集」https://www.nier.go.jp/kaihatsu/
shidousiryou.html（2023.10.10 最終閲覧）
国立教育政策研究所（2021）「IEA 国際数学・理科教育動向調査（TIMSS）」https://
www.nier.go.jp/timss/index.html（2023.10.10 最終閲覧）
国立教育政策研究所（2023）「全国学力・学習状況調査」https://www.nier.go.jp/
kaihatsu/zenkokugakuryoku.html（2023.10.10 最終閲覧）
国立教育政策研究所（2023）「OECD 生徒の学習到達度調査（PISA）」https://www.
nier.go.jp/kokusai/pisa/index.html（2023.10.10 最終閲覧）
田中耕治編（2005）『よくわかる教育評価』ミネルヴァ書房

中央教育審議会 (2016)「幼稚園，小学校，中学校，高等学校及び特別支援学校の学習指導要領等の改善及び必要な方策等について（答申）」https://www.mext.go.jp/b_menu/shingi/chukyo/chukyo0/toushin/1380731.htm（2023.10.10 最終閲覧）

文部科学省 (2010)「「児童生徒の学習評価の在り方について」中央教育審議会教育課程部会報告」https://www.mext.go.jp/b_menu/shingi/chukyo/chukyo3/004/gaiyou/attach/1292216.htm（2023.10.10 最終閲覧）

文部科学省 (2018)「平成 29 年度文部科学省委託調査　学習指導と学習評価に対する意識調査報告書」（平成 30 年 1 月株式会社浜銀総合研究所）https://www.mext.go.jp/b_menu/shingi/chukyo/chukyo3/080/siryo/_icsFiles/afieldfile/2018/09/05/1406428_9.pdf（2023.10.10 最終閲覧）

文部科学省 (2019)「児童生徒の学習評価の在り方について（報告）」https://www.mext.go.jp/b_menu/shingi/chukyo/chukyo3/004/gaiyou/1412933.htm（2023.10.10 最終閲覧）

文部科学省 (2019)「小学校，中学校，高等学校及び特別支援学校等における児童生徒の学習評価及び指導要録の改善等について（通知）」https://www.mext.go.jp/b_menu/hakusho/nc/1415169.htm（2023.10.10 最終閲覧）

文部科学省 (2022)「教師の資質向上に関する指針・ガイドライン」https://www.mext.go.jp/a_menu/shotou/kyoin/mext_01933.html（2023.10.10 最終閲覧）

※　本章は高橋編 (2019) の第 4 章を大幅加除修正のうえ再掲したものである。

▶「児童生徒の学習評価の在り方について（報告）」の公表

　2019年1月に，中央教育審議会初等中等教育分科会教育課程部会「児童生徒の学習評価の在り方について（報告）」が公表され，同年3月には「小学校，中学校，高等学校及び特別支援学校等における児童生徒の学習評価及び指導要録の改善等について（通知）」が示された。

　学習評価の改善の基本的な方向性として，以下の三つを挙げ，各教科における評価の基本構造を示している。

　① 児童生徒の学習改善につながるものにしていくこと

　② 教師の指導改善につながるものにしていくこと

　③ これまで慣行として行われてきたことでも，必要性・妥当性が認められないものは見直していくこと

　また，「これまで，評価規準や評価方法等の評価の方針等について，必ずしも教師が十分に児童生徒等に伝えていない場合があることが指摘されている」ことから，「どのような方針によって評価を行うのかを事前に示し，共有しておくことは，評価の妥当性・信頼性を高めるとともに，児童生徒に各教科等において身に付けるべき資質・能力の具体的なイメージをもたせる観点からも不可欠であるとともに児童生徒に自らの学習の見通しをもたせ自己の学習の調整を図るきっかけとなることも期待される」という指摘がなされている。

　指導要録の見直しについては，「「総合所見及び指導上参考となる諸事項」など文章記述により記載される事項は，児童生徒本人や保護者に適切に伝えられることで初めて児童生徒の学習の改善に生かされるものであり，日常の指導の場面で，評価についてのフィードバックを行う機会を充実させるとともに，通知表や面談などの機会を通して，保護者との間でも評価に関する情報共有を充実させることが重要である。これに伴い，指導要録における文章記述欄については，例えば，「総合所見及び指導上参考となる諸事項」については要点を箇条書きとするなど，必要最小限のものにとどめる。」と負担感への配慮も見られる。

　これらの報告や通知等を受け，国立教育政策研究所は，学習評価の基本的な考え方やポイントをまとめ，「学習評価の在り方ハンドブック（小・中学校編・高等学校編）」「「指導と評価の一体化」のための学習評価に関する参考資料（小学校編・中学校編）・高等学校編」を公表している。

　また，文部科学省は，「公立の小学校等の校長及び教員としての資質の向上に関する指標の策定に関する指針（令和4年8月31日改正）」において，「教師に共通的に求められる資質能力」を五つの柱に整理し，学習指導，生徒指導，特別な配慮や支援を必要とする子供への対応を効果的に行うために不可欠な資質能力として「ICTや情報・教育データの利活用に主として関するもの」を位置づけた。「個別最適な学び」と「協働的な学び」の実現に向け，児童生徒の学習の改善を図るために，ICTや情報・教育データを適切に活用することが求められたのである。

[野中 陽一]

第6章

授業づくりの構成要素

● **本章のねらい** ●

　よい授業がしたい。どのように授業すればよいのだろうか。これは教師にとって永遠のテーマではないだろうか。授業づくりの構成要素について考えることは，その助けとなるはずである。本章では，読者が授業の構成要素を考えることで，授業を行う際は，より意識的に授業を構成できること，授業を参観する際は，より豊かな視点から授業を分析できることをねらいとする。

　「授業は生き物」と表現する教師がいる。授業というものが，教師が思い描いているようにはならないことや，周囲の環境や参加者による相互作用で，時には大きく変化することなどを表現した言葉と思われる。発問や児童生徒との受け応えの言葉遣いのちょっとした違いで，授業が大きく変わってしまったと思う経験は教師なら誰しもあるのではないだろうか。そのような授業において教師には，授業の進行状況を察知し，適宜支援していく技倆が求められている。そのためには，授業づくりの構成要素にどのような特徴や機能があるか考えることが大切になる。本章では，授業を構成する要素を学習環境デザインの視点から参加者，空間，時間，その他要素と大別し，解説する。各要素は便宜的にいずれかの属性に記述したが，一般に複数の属性をもつと考えられるので，複眼的に見ることが大切である。また，授業づくりを別の側面から考えると，計画，実施，評価の三つに捉えることもできる。計画，評価は他の章で解説されているので，ここでは実施の面から捉えること

のできる授業の構成要素を主に解説する。

　授業は，教授と学習，受容学習と発見学習，意図的計画的な指導と主体的な学習，習得と探究，基礎と発展，抽象と具体，帰納と演繹，自と他，個と集団，個別と一斉，認知と身体などたくさんの対構造を抱え込んでいる。極端に走るのではなく，不易流行，温故知新，どこかに中庸が存在するはずであり，それを現実の時空間において，止揚する営みが授業ではないか。そのためには，授業を構成する要素について，当たり前と思われることでも改めて捉え直すことが大切と考える。

第1節　参加者

　授業の中核をなすのが，児童生徒と教員，その相互作用と考えられる。以下では，児童生徒とそれらの集団としての学級，班・グループ編成まで視野に入れ解説する。

1. 児童・生徒

　児童生徒をどのような存在とみなすかは，授業づくりに大いに影響する。まっさらな状態で教師から知識を授けられるものとして受動的・静的な存在とみなすか，今までの知識や経験を活かして判断し能動的に知識を更新していく存在とみなすかで，自ずと授業は違ってくるだろう。

　児童生徒は，家庭環境，育成歴，性格，好み，さまざまな属性をもっている。児童生徒に関する問題を考えるとき，教師は児童生徒に対する先入観をもっていることを自覚しながら，それらの属性を問題の原因に安易に帰さず，いろいろな可能性を考慮することが大切になってくる。多面的・重層的な見方が行えるのが，熟達した教師と考えてもよいだろう。

2. 学級

　「一学級の児童数は，法令に特別の定めがある場合を除き，四十人以下と

する。ただし，特別の事情があり，かつ，教育上支障がない場合は，この限りでない。」（小学校学校設置基準　第四条）と定められている。ここから，学年40人以下であれば，1学級，41人であれば，21人と20人の2学級に分かれることとなる。児童生徒1名の差で学級の人数や教員の人数が変わるため学校や保護者にとって，学年末の児童生徒の異動は特に大きな関心事となる。以上のように学級編成の標準は40人であったが，2021（令和3）年に「公立義務教育諸学校の学級編制及び教職員定数の標準に関する法律の一部を改正する法律案」が成立し，5年間をかけて学級編成の標準を35人に引き下げることとなった。また，二つの連続した学年で14人までであれば，複式学級として，一つの学級にしている。

　このように学級は，同一学年あるいは二つの連続した学年で構成されるのであり，次のような特性が生じる。4月生まれと3月生まれが同じ学級にいることで，生まれてからの時間に約1年間の差があり，発達に差が生じるという見方ができる。教師として，児童生徒の能力差を，生まれ月の差に安易に帰するべきではないが，個人差の一要素として把握しておく必要はあるだろう。一方で，約1年間の差しかないという見方もできる。異なる学年で「縦割り班」やペア学年，兄弟学級などを構成して活動することにより，意図的に異年齢集団で学べるよう工夫をしている学校もある。

　学級の人数により，子供たちのコミュニケーションが変わることもありうる。少人数の学級では，安定した人間関係となるが，切磋琢磨が少なくダイナミックさにかけるという傾向が多くの教師の「実感」ではないだろうか。また，教育効果という点では「規模縮小が教育効果を高めるという証拠のほうが多いのである」（杉江 1996）という報告もあれば，学力とはほとんど関係がないという報告（赤林 2011）もある。教育効果，学力などは多数の要素が複雑に関係しているものであり，単純に判断はできないが，いずれにせよ，人数によるなにかしらの変化がありうるという視点をもち，それに対応した授業を考えることが大切である。

3. 班・グループ編成

　授業では，教師と子供の1対1の関係が子供の数だけあるのみではなく，子供同士の相互作用もとても大切である。そこで，教師は学習形態の工夫をする。規模で分類すれば個人，ペア，小集団（班），全体学習，進度で分類すれば個別学習，一斉学習，目的で分類すれば個人，集団というように。その基盤となるのが班・グループ編成であり，さまざまな能力に応じて編成したり，生活班をそのまま流用したり，性別を考慮したりする。それぞれの特徴を見極め，必要に応じて使い分けることが求められる。

4. 教員

　教師の機能として，専門家，計画者，教授者，ファシリテータ，情報提供者，学習管理者，モデル，メンター，共同学習者，改革者，省察的実践者，研究者の12が挙げられている（藤岡 2000：201）。また，教師は演者（アクター）や反省的実践者と表現されることもある。教師が自らをどのような存在とするか，自らでデザインすることも大切になってきている。なにより，「学び成長し続ける者のみが教えることを可能にするのであり，教育者は，何よりもまず良き学び手でなければならない」（佐藤・稲垣 1996：28）という佐藤学の指摘を，まずは真摯に受け止めたい。

第2節　空間

　空間の機能は意識して見直さないと，見えてこない場合が多い。空間に関する授業の基本的な構成要素として，教室，特別教室・体育館，運動場，机・椅子，教卓などについて解説する。

1. 教室

　多くの教室（普通教室）は約7m×約9mあるいは約8m×約8mの間取りである。校舎の日当たりのよい側に教室を，良くない側に廊下を設けることが

多い（片廊下形式）。右利きの児童が多いので，手で影ができにくいよう，教室の前方（黒板）は西側に配されることが多い。窓側は，日射しで眩しかったり，外部の音が聞こえたり，雲が見えたりする。一方，窓側は，比較的寒かったり，廊下を通る足音が聞こえたりする。どちらも学習の妨げになりうるので配慮を要する。

　教室は，外部と半ば遮断された環境にあり，学習に集中しやすく，自分たちのクラスという身内意識を醸成しやすいが，教師の独善的な「学級王国」を形成しやすいとも考えられる。近年では，オープンスペースとして，廊下側の壁を取り去った構造にしたり，複数の教室をつなげ普通教室より広い空間とした多目的室を設けたりすることが増えている。オープンスペースは，大きな空間を生かして多様な活動が展開でき，学級の様子が学級外に伝わるので，教員が相互にアドバイスを行え，同僚性を醸成しやすいことが考えられる。一方，他の学級の音や振動，ときには雰囲気までも伝わって来るので，集中しにくい児童がいることも考えられる。そのため，ロッカーや本棚などの配置を工夫し，落ち着いて学習できる狭い場所を提供するなどの工夫がされていることがある。

2.　特別教室・体育館

　多くの学校に理科室や音楽室などそれぞれの教科に使いやすいように設計された教室があり，普通教室との違いを意識して授業を行うことが大切である。例えば，理科室では，実験机が置かれ，通路が幅広く作られるので，安全に実験を行いやすい。しかし，長方形の間取りになりがちなので，普通教室よりも，教師と子供の間に距離ができ，存在を遠く感じ，表情を捉えにくく，つぶやきも拾いにくくなるなどが考えられる。そのため，クラス全体で検討を行うときなどは，黒板の前に児童を集めて行うなどの工夫がある。

　体育館では雨天に左右されずにある程度広い空間で授業を行うことができるので，各種の発表会やパフォーマンスの場として優れていることはいうまでもないだろう。そのため体育以外でも活用されることが多い。例えば，空気の流れが少なく，平らな床の広大な空間が，小学校第3学年理科「風やゴ

ムの働き」の学習に格好の条件となっている。

3. 運動場（校庭）

　運動場は学校設置基準に設置が定められている。地域にとって貴重な平面的空間を提供するので，地域の行事で使われることも多い。体育で活用されることが多いが，動植物，空，風，見通しなどさまざまな事物を提供する運動場（校庭）は他の教科でももっと活用できるのではないか。

4. 机・椅子

　普通教室では床に固定されていない一人用の机や椅子が使われていることが多い。複数をさまざまに組み合わせて，学習形態を構成することができる。

　また，特別教室には，それぞれに対応した机や椅子が使われていることが多い。小学校の理科室の実験机は多くの場合2人ずつ向かい合い4人で使用するタイプのものが多い。児童が向かい合って座るので，教師の指示は幾分通りにくいかもしれないが，児童同士の意思疎通は起こりやすいと感じられる。

　小学校の40人学級では，黒板に正対する向きに二つの机を接して1単位として並べ，その単位を4列（列を「島」や「川」と表現することがある）5段配列しているのではないだろうか。机を一つひとつばらばらに散開させるのと授業に対する効果はどう違うのだろうか。また，机をコの字型に並べたり，扇形に展開したりする例も見られる。授業の段階が習得的なのか活用的なのか，個別の活動が中心なのかクラス全体で話し合うことを重視するかなど，さまざまな状況に応じて使い分けることが大切である。

5. 教卓・教師用机

　多くの学校の教室には，立って使うのに適した高さの教卓がある。場合によっては，教壇も設置されているだろう。小学校では，座って使うのに適した教師用の事務机があるのをよく見かける。特に，教卓と教壇について「中心から放射状にのびる監視のまなざしの位置とその中心点を示しているのであり，上意下達的な伝達システムの中心にいる教師を権威化する機能をはた

しているのである」(佐藤・稲垣 1996：66)という佐藤の表現がある。そのため，教卓を黒板の前に置かず，境界を取り払って授業を行うこともある。それによってできた空間は，ちょっとした劇やロールプレイなど児童の表現が行える場ともなる。

　教師用机をどこに配置するか，児童数により決まる児童机の配置など物理的な制約と教師の考えにより決まってくる。窓側の教室前方か後方，廊下側の教室後方の3箇所のいずれかがほとんどだが，伝統的に教室前方窓側が多いと思われる。これに対し，子供を「監視」することのないように，壁に向くよう机を配置する教師もいる。

6. 間取り

　教室の空間をどのように構成するか，学習環境デザインの視点から工夫が行われている。学級文庫を活用してミニ図書室を設けたり，生き物コーナーを設けたり，畳を敷いてくつろぐスペースを設けたりする例がある。

7. 掲示物

　特別支援教育の考え方から，掲示物に関する配慮が行われるようになってきつつあり，集中力を欠くことがないようシンプルな教室環境を志向する教師が増えてきているように感じる。それでも，教室後部を中心に学習の経過がわかるような掲示物や，季節感のある掲示物を配置するなどの工夫がある。

第3節　時間

　「自分の意見を書きましょう。時間は3分間。はい始め。」などと，教室でタイマーを利用する教師は多い。時間を支配することは古くから権力の証とされてきた。教室にもそのような構造が見いだせるかもしれない。本節では，授業における時間に関する構成要素について解説する。

1.　時限

　1時限の長さは，小学校では45分間，中学校では50分間が多くの学校で採用されている。しかし，授業時数の確保などの観点から，15分間で1単位などとする「モジュール」を採用したり，40分間を1時限としたりする学校もある。

　1時限の中にも，いろいろな時間的要素がある。授業の展開は，導入，展開，まとめという形が一般的だが，小学校では，つかむ，よそうする，調べる，まとめるの4段階や，自然事象への働きかけ，問題の把握・設定，予想・仮説の設定，検証計画の立案，観察・実験，結果の整理，考察，結論という問題解決の過程などがある。それらの過程を，授業の流れや児童の興味・関心，理解の度合いなどから，そのように時間配分していくかが大切になる。

　子供にとって，学習の型，授業の流れが決まっていると，授業の見通しが得られやすく，安心して授業を受けられる利点がある。教師にとっても「ラク」である。だからこそ，型にとらわれると，学習の展開が形式化し，形骸化するおそれもあることに注意が必要であり，必然性のある学びになっているか振り返るようにしたい。

2.　週時程・時間割

　児童生徒は時刻によって様子が異なることがある。朝は比較的集中力があるが，午後になると集中力が欠けやすい。午前中に授業を4時限組む小学校は多いが，多くは2時限目と3時限目の間に休憩時間を設けている。3時限目は運動してスッキリとした状態で迎える子と，疲れていささか集中力に欠ける子がいたりする。曜日で考えると，週明けの月曜日は，調子が今ひとつという子がいるというのは，教員であればだれしも経験があると思われる。教師はこれらのことを加味しながら時間割を組む。子供は時間割を思ったより気にしているもので，この授業の後は体育があって楽しみだなどと思ったり，時間割を変更すると困惑したりする児童がいるものである。時刻や曜日，時間割に関係した子供たちの身体的・心理的状況を考えてみる必要があるだろう。

第4節　教材・教具

　教材には教育内容が含まれ，教具には含まれないという考えもあるが，厳密に分けることが難しく生産的でない場合があり，教育内容とも厳密に分けることは難しいことがある。今日では教育内容やその物理的実体までを幅広く「教材」とまとめて呼ぶことが多い。本節では，教育内容ではなく，道具としての教材・教具を解説する。また，ICT 機器は第7章で解説されているため，本節では詳しくは扱わないこととする。

1. 教科書，副教材

　教科書や副教材は，「小学校においては，監督庁の検定若しくは認可を経た教科用図書又は監督庁において著作権を有する教科用図書を使用しなければならない」(学校教育法　第34条)，「前項の教科用図書以外の図書その他の教材で，有益適切なものは，これを使用することができる」(同法同条の2)と規定されている。この規定は，小学校以外の中学校，中等教育学校，高等学校，義務教育学校も準用することとなっている。また，「学校において，教育課程の構成に応じて組織排列された教科の主たる教材として，教授の用に供せられる児童又は生徒用図書」(教科書の発行に関する臨時措置法第2条)と教科書は主たる教材の地位を法的に定められている。

　教科書は，教科書会社と学識経験者や現職の教員を中心とした編集協力者により，長い時間と手間をかけて作られている。そのため，よく練られた内容となっているが，必然的に最大公約数的に作られており，目の前の児童生徒にふさわしい内容となっているかは教師がよく検討する必要がある。

　教科書に関して，「教科書を教える」「教科書で教える」という表現がある。教科書にある内容を単に教授するだけでなく，子供が教科書の内容を自ら学習する授業となれば，教科書に書いてあることを超えて学びが生じるし，そうであるべきという考えを表していると考えられる。

2. 黒板・ホワイトボード

　電子機器が発達した現代においても，黒板を補う機器は多々登場するも他の物となかなか置き換わらない。それだけ，多様な機能や使い勝手の良さがあるのだろう。黒板は，授業の経過を文字情報だけでなく図形情報も含め保存し，基本的にはその授業時間中，一度に閲覧することができる。また，比較的，かき消しが容易であり，児童にも扱い得る。また，電源などが不要で，起動しない，反応しないなど，授業に「間」が空くことが少ない。ただ，板書中に教師は黒板の方を向きがちであり，児童との紐帯が弱くなることを課題と捉える教師もいる。

　黒板は，チョークを使用するため，粉塵が舞い，粉塵の処理に手間がかかることや，プロジェクタで投影することも考慮し，ホワイトボードが設置されることも増えてきた。ホワイトボードは，黒板と書き味がかなり異なることのほか，塗りつぶすのに手間がかかる。しかし，粉塵が舞いにくく，地の色とペンのインクとのコントラストが高く見やすいという利点もある。

3. テレビ・録画装置

　普通教室には，ほとんど備えられているが，PCやインターネット回線の充実により活用されることが少なくなってきていると感じる。今でも，優れた放送番組や映像は多々あるため，必要に応じて活用するようにしたい。

4. プリント教材

　文字や図の静的な記録が主なメディアであるが，教師の自作の教材であれば，教える子供を想定して作ることができる。短時間で複製可能で，一人一人に配布できる。プリント教材は書いて利用するよう設計すれば，書くという能動的な行為で思考を顕在化できる点に魅力がある。

5. その他

① 紙芝居・ペープサート

　小学校中学年程度まで利用されることが多いが，内容や使い方に留意すれ

ばもっと上の学年でも有用と思われる。聞き手の表情を捉えやすく，ページめくりの間のとり方の工夫や，絵の内容を質問したりでき，話し手と聞き手のやり取りが行いやすい。

② 掛図・拡大コピー

　大きな図が物理的に目の前にある効果を教師は実感していることと思う。特に拡大コピー機は，手軽に教科書の紙面を拡大でき，注目すべき箇所や授業で話題となっている箇所を視覚的に示すことができる点が優れている。

第5節　授業の展開

1. 教師の信念

　授業について知識を教授する場と捉えるか，教師と子供が共同で知識を更新していく場と捉えるかというような授業観，大切にするのはリーダーシップかマネジメントかというような指導観，抽象度が高くとも学問的に正統なことを教えると考えるか，具体的な身近な生活に根ざすことを教えるかというような教材観などがある。これらの教師の信念は，子供にも伝わり学級文化などに大きな影響を及ぼすと考えられる。

2. 教授行動

　子供中心的な授業を想定して梶田は，見守る，気づかせる，呼びかける，発問する，モデルを提示する，関連情報を提供する，説明をする，まとめをする，支持する，体験をさせる，確認をする，励ましをするという12の働きかけで授業を分析している（梶田 1992：230）。例えば発問一つとっても，「開いた発問」（問いの答えが多様にある発問）や「閉じた発問」（問いの答えが一つないし非常に限られた発問）などさまざまな分析の視点がある。

3. 規範・規律

　授業には明示的であれ，非明示的であれ多くのルールが存在している。例

えば，授業中は基本的に椅子に座って受けるものだ，他者が発言していると
きは黙っている，先生の言うことは聞くものだ，課題が終わったら静かに待
っているべきだ，などがあるだろうか。子供たちにとって主体的な学びとな
るために本当に必要なルールは何か。問い直す必要があるだろう。例えば，
児童が課題を時間内に終わらせることができたとする。ここで，児童が他の
子の考えを知りたくて立ち歩いたとする。授業中に立ち歩くことは推奨され
ない教室が多いだろう。しかし，このような児童の行動は，主体的に学んで
いる姿とみることはできないだろうか。とはいっても一定の規律にもとづく
秩序は大切だろう。放従が許された空間では主体性を発揮するのは難しい。

[川上　真哉]

● **考えてみよう！**

▶ 今まで自分が受けてきたり参観したりした授業について，それらの構成要
　素を挙げ，教師の意図や，授業への影響などについて考え，表現してみよう。
▶ いくつかの授業を参観し，教師と児童・生徒の発話分析を行い，それぞれ
　の特徴について話し合ってみよう。また，授業づくりの構成要素の特徴と
　それによる効果を考えてみよう。
▶ 授業づくりの構成要素を意識して，指導案を作ってみよう。

● **引用・参考文献**
赤林英夫（2011）「学級規模縮小が学力に与えた効果の分析」『日本教育社会学会大
　会発表要旨集録』第 63 巻：406
梶田叡一（1992）『教育評価［第 2 版］』有斐閣双書
佐藤学・稲垣忠彦（1996）『授業研究入門』岩波書店
杉江修治（1996）「学級規模と教育効果」『中京大学教養論叢』第 37 巻 1 号：147-190
日本教材学会編（2013）『教材事典』東京堂出版
藤岡完治（2000）「教師の役割」日本教育工学会編『教育工学事典』実教出版社，
　pp.201-203

※ 本章は高橋編（2019）の第 5 章を加除修正のうえ再掲したものである。

第**7**章

授業技術

───●　**本章のねらい**　●───

　授業技術をどれだけ知っているか，どれぐらい活用できるかということは，授業実践をするうえで重要である。授業技術はすでに明治時代から存在し，板書の教授法が当時の文献に記載されている。現在の授業技術は長い時間を経て発展してきたものである。本章では，発問，指示，板書等の基礎的な授業技術の役割と技法について述べる。そのうえで，授業技術の活用のための留意点について記し，読者が授業技術の知識を広く得ることを意図している。

第1節　授業技術とは

　授業の質を高めるために，授業技術は不可欠である。同じ学年に同じ教材を使って授業を行っても，授業技術が優れた教師と経験の浅い教師では児童生徒の学習意欲や学びの深さが異なる。授業は，教師の適切な授業技術とともに成り立っている。

　授業技術とは，授業のねらいを達成するための教師の教授行為である。発問や指示といった教師の発話の技術，学習内容や児童生徒の反応を黒板に適切に表現する板書の技術，目的に応じて記させるノート指導の技術というように，授業技術はいくつも存在する。そして，どの授業技術にも基本的な役割と原則があり，その原則に基づいて実践を行えば一定の効果が得られる。

より質の高い授業を行うためには，教師が授業技術の方法だけではなく，このような役割や原則を知ることが大切になってくる。以下，第2節から具体的な授業技術を述べる。

第2節　発問

1. 発問の役割

　教師の発話には，発問，指示，説明がある。授業において，教師からの一方的な指示や説明が続くと，児童生徒の学習態度は受動的になりがちである。学習意欲を高める方法の一つとして発問を教師が行うことで，児童生徒の思考は促され，学習意欲は高まる。また，一つの発問により，学級の話し合い活動が活発になることもある。学習を活性化するという点で，発問の果たす役割は大きい。

2. 発問の種類と効果

　古藤泰弘は，発問を，そのねらいから以下のように類型化している（沼野 1986：106）。

```
●拡散的発問…学習課題の明瞭な把握や授業の発展への布石となる発問
●対置的発問…具体的な思考活動を誘発する発問
●収斂的発問…授業のスムーズな進展のために理解度を確認する発問
●示唆的発問…授業の停滞から脱出のための発問
```

　拡散的発問は，多くの反応や考えが広く出てくるようにする発問である。例えば，導入で一つの資料について「思ったことや気づいたことは何か。」と発問をする。児童生徒からは，「○○が多いのはなぜだろう？」「○○だからではないか。」というように，学習課題への意識が高まっている反応が次々に出てくる。このような場合が当てはまる。また，授業が進み，新たな方向に導く場合にも，この拡散的発問は有効である。

　対置的発問は，複数の対立的な考えが出てくるようにする発問である。一つの発問に対して異なる考えが出た場合，その内容を追究することで学習は深まる。特に，「あなたはこの意見に賛成か，反対か。その理由は何か。」というように，自分の立場を明確にせざるをえない発問は，自分の考えを焦点化したり，異なる立場の考えを理解したりするのに有効である。

　収斂的発問は，「三角形の面積を求める公式は？」「『要約』とは？」というように理解度を確認するための発問である。回答をすぐに引き出すことができるので，テンポよく発問することができる。ただし，反応する児童生徒に目を向けるだけではなく，理解不十分な児童生徒にこそ注意が必要である。

　示唆的発問は，児童生徒の反応が停滞した時や，つまずきが見られた場合に行う発問である。児童生徒にとり有効な発問の準備があらかじめ必要である。

　授業中の発問は，ほとんどがこの4つに分けられる。授業展開のどの場面でどの種類の発問を使っていったら効果的なのか考慮しながら，発問を組み立てていくようにしたい。

3.　発問を生かすための留意点

　発問を授業で生かすためには，次の点に留意することが必要である。

○　簡潔で，明快な言葉で問いかける

　児童生徒にとって，何を考えなければいけないか，簡潔かつ明快な言葉で発問をしたい。複数の発問を重ねたり，発問のあとに長い説明をしたりすることがないようにする。

○　重要な発問は視覚情報として残す

　授業のねらいに直結する重要な発問は，問いかけをするだけではなく，板書等の視覚情報として残すようにする。支援が必要な児童生徒にとっては，聴覚と視覚の両方の情報が入ることで，思考しやすくなる。

○　考える時間を十分にとる

　思考を促す発問の場合には，考えさせる時間を十分に保障する。発問し，すぐに指名し，一部の児童生徒で授業を進めることがないようにする。

○ 発問の難易度と順番を考える

　1単位時間でいくつかの発問を準備する際，その難易度と順番を考えるようにする。導入で易しい発問で授業への参加意識を高め，その後，第二，第三の発問を提示して授業の核心に入っていくのが望ましい。

第3節　指示

1. 指示の意義

　発問は児童生徒の思考を促すが，指示は学習者である児童生徒に行動を促す。発問の後の指示の有無で児童生徒の学習活動は変わってくる。例えば，写真を提示して，「気づいたことは何か。ノートに5分間，書きなさい。」と発問の後に指示を加えることで，児童生徒は一定時間，自分の思考をまとめる活動が保障される。「気づいたことは何か。」という発問のみならば，児童生徒はすぐに発表することを求められることになる。

　適切な指示は適切な学習活動の流れを作る。「活動の保障」「活動の明確化」という点で指示の果たす役割は大きい。

2. 指示の原則

　適切な指示には次のような原則がある。

○ 短く明確に伝える

　指示に多くの内容が含まれていると徹底されにくい。「○○についてグループで話し合います。3分です。はじめ。」というように，短く明確に伝えるようにする。

○ 目安や具体的なものを入れる

・「4分間で三つ以上，ノートに書きなさい。」

・「忍者のように静かに走ります。」

　これらは，「ノートにたくさん書きなさい。」「静かに走ります。」という指示より伝わりやすい。目安や具体性があることで，児童生徒の行動の変容が

期待できる。

○　他の学習活動に応用できるように伝える

　「最初に『○○の考えに賛成です』というように結論から話します。次に『理由の一つ目は，二つ目は……』と理由を加えなさい。」というように手順や方法が具体的であれば，児童生徒も活動しやすいし，他の学習場面でも応用できる。

○　集中させる方法で指示する

　児童生徒が集中するのは，大声の指示とは限らない。もともと集中しているような場合や大事な話の際には，小さくゆったりした声の方が耳に残る場合がある。また，「二つ見つけます。」と言って2本の指を立てたり，「口をこのように開いて歌いましょう。」と実演したりするような動きを入れた指示は，視覚に訴える効果がある。

○　ICT機器を活用して伝える

　視覚情報を確実に伝達するためにICT機器を活用する。例えば，原稿用紙の使い方の学習で「題は3マスあけて書きます。」という指示を，実際に大型モニターやスクリーンに原稿用紙の実物を投影し書き込む様子を映すことで指示はさらに伝わりやすくなる。

3.　指示の使い分けの留意点

　指示をより効果的にするために次の点に留意したい。

○　適切なタイミングで指示を出す

　指示が多すぎることは時として学習の妨げとなる。逆に必要なタイミングで適切な指示を出さないことも学習の効率を下げる。児童生徒の状況を把握して，適切なタイミングで指示を出すようにする。

○　指示する学習活動の目的を伝える

　指示する学習活動の目的を児童生徒に伝えておくことは，活動意欲を喚起する点で効果がある。「『3分間で感想を5行以上書きなさい。』という指示は，限られた時間で多くの考えを書く力を自分につけるためのものだ。」とその目的を自覚すると取組み方も変わってくる。

○　指示後に評価する

　「指示した通り，気づいたことを五つ以上書いています。合格です。すばらしい。」というように，指示した内容について適切な評価をすることは，児童生徒の学習に対する満足度を高める。指示の大切さを理解してもらう点でも大切である。

第4節　板書

1.　板書の役割

　板書は，学習内容を黒板に文字や絵図，表等で表す教授行為である。授業時間には教師や児童生徒が多くの言語活動を行うが，それらの多くは記録には残らない。板書にはその言語活動の記録化ができ，児童生徒がその情報を視覚的に受けとることができる特徴がある。教師にとっては，1時間の学習の流れについて順序性をもたせた情報提示ができたり，児童生徒の考えを黒板に記録することが可能となったりする。児童生徒にとっては，板書はノートに学習内容を記録する際の対象物であり，得られた情報から新たな思考活動を生み出す手がかりになる。

2.　板書の技術

　板書の技術には次のようなものがある。

・学年に応じた適切な文字で板書する。小学校であれば，低学年は15cm四方，中学年は10〜12cm四方，高学年は8〜10cm四方が目安となる。さらに，ひらがなは小さくする等，文字によって大きさを変えることも必要である。

・白色チョークを基本として，強調したい部分では他の色チョークを使う。その際，児童生徒と「黄色チョークで板書された強調部分は，赤色でノートに書く」というようにノートに書き写す約束事を決めておく。

・縦書きの場合には，右側から左側に書く。横書きの場合には，左側上方から下方に書くが，全体を二つか三つに区切ると見やすい。ただし，最初に

中央部分に学習課題を書くというように，変化をつける場合もある。
・見出しやキーワードを他の文字より大きく書いたり，記号を組み入れたり
　することで，黒板全体に動きや変化をもたせることができる。
・1時間の授業で黒板1面分を全体的に使うことが基本となる。児童生徒の
　考えを板書する場合には，あらかじめその場所を確保しておく。書く場所
　がなくなり，必要な情報を消すようなことがないようにする。
・児童生徒の考えを板書する場合には，発表のつど書くのではなく，まとめ
　て要点を見やすく書くようにする。

3. 児童生徒の板書

　黒板は教師の専用のものではない。学習活動によっては，児童生徒が板書
した方が情報提示の効率化が図られる。例えば，理科実験の結果をグループ
ごとに書く場所を設けておき，そこに結果と考察を書くようにすれば比較が
しやすい。どのような場面が児童生徒の板書に適切か考えたうえで活用する
ことが望ましい。

第5節　ノート指導

1. ノートの機能

　授業におけるノートには次のような機能がある。
○　学習内容の記録のための機能
　授業時に板書内容を中心に記録することで，その内容を覚えるだけではな
く，見返すことで後の学習に役立てることができる。
○　基礎的な練習のための機能
　漢字や計算等の定着を目的とした練習に使う。練習のための記入様式を整
えることで，効率は高まる。
○　思考活動を深めるための機能
　調べたり，話し合ったりした内容を，文字だけではなく，表や図等に表現

することで，思考活動を深めることができる。

○　学びを整理するための機能

　授業のまとめや振り返りを記入することで，1時間での学びを整理することができる。

　1時間の授業では，これらの機能を組み合わせてノート指導を行う。教師がどの場面でどの機能を使うのか意識しておくことが大切である。

2.　ノート指導の基本技法

　児童生徒のノートの技能は自然に身につくものではない。具体的な技法を示しながら実際にノートを活用させることを蓄積することで，その技能は身につく。手本として示しやすいものは教師の板書である。工夫された板書，わかりやすい板書をそのまま写すことが基本的な型の習得につながる。

　ノートの基本技法として，記号の活用が挙げられる。「番号を書く」「囲みをする」「矢印を使う」といった技法は小学校低学年から指導することが可能である。さらに，区切りの線を引いたり，見出しを入れたりして，全体のレイアウトに注意を払うことで，より見やすいノートになる。また，図や表，吹き出し等，整理のためのツールも学習内容に応じて活用していくのが望ましい。これらの基本技法は，その方法を指導するだけではなく，その技法を使う意義を話し合うようにすることで，活用のための意欲が増す。

3.　ノート指導における教師の支援

　ノート指導は大切なことではあるが，児童生徒が授業時間の多くをノートの記録のみに費やすことは望ましいことではない。逆に，発言はよくするがノートをとらないという例もノート技能を身につけない結果となる。授業のねらいを達成するために適切にノートを活用していくことが大切であり，教師は担任する学年レベルでどのようなノート技能を児童生徒が身につけたらよいか，考える必要がある。

　そのためには，授業におけるノートについて，板書のうちどこの部分をノートに記すのか約束事を決めておいたり，ノートに自分の考えを書く時間を確

保したりするようにする。また，ノート評価では見やすさだけではなく書かれている内容を重視することが大切である。

第6節　話し合い活動

1. 話し合い活動の意義

　授業では1時間の中に，話し合い活動が設定されることが多い。その目的は，話し合い活動を通じて授業のねらいや学習課題の解決に近づくことにある。実際の話し合い活動では次のような意義がある。

・自ら話す機会が増えるので，積極的な授業参加につながる。特に，話すことに抵抗感をもつ児童生徒にとり，少人数での話し合いはその抵抗感を減らすことができる活動となる。

・他の考えを聞くことにより，自分の考えに自信をもったり，広げたりすることができる。自分と共通する考えの場合には児童生徒は安心を得たり，自信をもったりする。また，逆に違う考えを聞いた場合には自分の見方・考え方を広げる機会になる。

2. 話し合い活動の方法

　話し合い活動を規模で分けると，グループ（ペアを含む）による話し合い活動と学級全体の話し合い活動に大別できる。

　グループ活動は少人数なので先に述べたように参加しやすいよさがある。反面，少人数でも発言に抵抗感をもっている児童生徒がいる場合には，グループ編成に配慮し，その子が参加しやすいグループに所属させることが必要である。これはペアでの話し合い活動でも同様である。

　学級全体での話し合い活動では，教師がリードする場合と児童生徒だけで話し合う場合が考えられる。教師がリードする場合には，積極的な発言者だけを指名するのではなく，意図的な指名から多くの児童生徒の考えを引き出すことが大切である。児童生徒だけで話し合い活動を行う場合，学級会のよ

うに司会役や議長がいるのであれば，事前に進行の指導をして話し合いを進めるようにする。それ以外で児童生徒に話し合いを任せる場合でも，事前に話し合い活動のルールを決め，マナーを指導したうえで行うようにする。話し合い活動が停滞したり，ルールやマナーに逸脱した児童生徒がいたりした際には，教師が適切な関わりをもつようにする。

3. 発言の指導

　話し合い活動を活発にするために発言の指導は欠かせない。発言に消極的な児童生徒がいる場合，その要因を考察する。「安心して発言できる雰囲気ではない」「考える時間が十分ではない」「発言の仕方がわからない」といった原因が出てくるであろう。教師は学習阻害に即した対応策を講じるようにする。一人一人の発言を認め合う価値観を学級に醸成したり，話し合い活動の前に自分の考えをノートに書く時間を保障したりする。このような発言指導が基盤となり，話し合い活動が活性化する。

第7節　教師の動き

1. 教師の立ち位置と姿勢

　授業形態に応じて，教師は立ち位置を変えていく。一斉授業の場合には黒板の前に位置し児童生徒を真正面に見る。グループで学習活動に取り組んでいる場合には，各グループを回りながら指導をする。一般的には，このような立ち位置が基本である。

　ただし，立ち位置は学習状況によって変える必要がある。話し合い活動の場合，板書をする必要がないのなら，教師は黒板の前にいる必要はない。教師が教室の後ろや横に位置することにより，発言する児童生徒とのやりとりが学級全員に見やすい形になる。児童生徒の発言も正面前方ではなく，学級全員に向けて話す形になる。また，校庭での授業で児童生徒が太陽の光を真正面に受ける場所に位置すると，その眩しさから教師に視線を向けられない

場合がある。そのような際には，教師が太陽に体を向ける位置に立つようにする。

　板書時の教師の姿勢も大切である。黒板に正対して書くことは丁寧に思われるが，体で文字が隠れて見えにくくなる場合がある。教師が児童生徒に体を斜めに向けながら板書をする技術を身につけておくことが必要である。

　このような教師の立ち位置や姿勢の変化は，児童生徒の学習のしやすさのためのものである。どういう立ち位置や姿勢が教育効果を上げるのかということを意識していきたい。

2. 机間指導

　個別指導とは，児童生徒が個別あるいはグループで学習活動に取り組んでいる際に，教師が活動の様子を観察したり，指導をしたりすることである。次のような目的がある。

・児童生徒が学習課題に対して取り組んでいることの確認
・児童生徒の学習課題についての解答内容の確認
・学習課題につまずいている児童生徒への支援，および取組みが早く終わった
　児童生徒への指示
・児童生徒への評価
・次の学習展開への情報収集

　学習活動や学習内容に応じて上記の比重は変わってくる。例えば，つまずきが予想される学習内容の場合には，個別の解答内容を確認し，取り組み状況が芳しくない児童生徒に状況に応じた示唆を与える。思考した内容に応じて次の学習展開が決まるという場合には，その内容にした理由を確認し教師の説明に生かすこともある。また，全体の指導では時間をかけにくい個別への励ましができる点が個別指導の長所である。「よく考えたね」と評価したり，ノートに丸をつけたりすることで，児童生徒の学習意欲は高まる。

　ただし，無意識のうちに特定の児童生徒に支援が集中したり，同じ順番に確認することが癖になったりすることは避けなければいけない。また，個別

の支援で話す声が大きく，他の児童生徒の学習の妨げになる場合には配慮が必要である。

［佐藤　正寿］

● **考えてみよう！**

▶ 授業技術にはどのようなものがあるか。基礎的な例をいくつか取り上げ，その役割と具体的な技法，使う際の留意点について述べてみよう。
▶ 児童生徒の学習意欲を高めるために，あなたはどのような授業技術を使って実践していきたいと考えるか。具体例をもとに話し合ってみよう。

● **引用・参考文献**

大西忠治（1987）『授業づくり上達法』民衆社
大西忠治（1988）『発問上達法』民衆社
河野義章編（1986）『わかる授業の科学的探究　授業研究法入門』図書文化
佐藤正寿（2013）『教師の力はトータルバランスで考える』さくら社
佐藤正寿（2015）『スリー・ステップでものにする授業のすご技34』フォーラムA
柴田義松編（2015）『教育の方法と技術（改訂版）』学文社
篠原正典・荒木寿友編（2018）『教育の方法と技術』ミネルヴァ書房
沼野一男編（1986）『教育の方法と技術』玉川大学出版部
沼野一男・平沢茂編（1989）『教育の方法・技術』学文社
平沢茂編（2018）『三訂版　教育の方法と技術』図書文化

※　本章は高橋編（2019）の第6章を再掲したものである。

● COLUMN ●

▶ 優れた授業技術の基盤には学級づくりが存在する

　私が小学校教員としてスタートを切った1980年代半ばは，教師の授業技術に関わる書籍が数多く出版されていた時代だった。教育雑誌でも，授業技術の特集が組まれ，「プロの技術・アマの技術」という言葉が話題になっていた。若手教員で，一人前の授業の技量を早く身に付けたいと願っていた私は，それらの情報を貪るように読み，実践し，記録化していった。

　やがて，「本物のプロ教師の授業を参観したい」という思いから，授業名人と言われていた教師の教室に，学校公開研究会の折に出かけた。教師の授業技術を学ぶために参観したのだが，圧倒されたのが子供たちの姿だった。家庭学習で追究してきたことを次々と発表する子供たち。教師のゆさぶり発問に対して，さらに発言を続ける子供たち。どの子たちも明るく，ユーモアがあり，発言するだけではなく，よく話も聞いていた。授業名人は学級づくり名人でもあった。

　「学級づくりで子どもたちを育てているからこそ，教師の授業技術が効果的なのだ」ということを痛感した参観授業であった。若い頃にそのような授業に出会えた幸せを感じている。

〔佐藤　正寿〕

第8章

効果的な指示や説明のための ICT 活用

─● 本章のねらい ●─

　ICT 活用のうち，特に効果的な指示や説明を目的とした活用について解説する。今後，減少が見込まれるものの，現在，多くの授業において最も行われる ICT 活用である。大型提示装置を活用した指示や説明の効果的な方法について解説する。

第1節　指示や説明のための ICT 活用

1.　教科書や教材等の拡大提示

　指示や説明がない授業はないに等しい。必ずといってよいほど「練習をします」といった指示や，「2次関数とは…」などといった説明がある。大西忠治（1988）は，授業で最も時間が費やされているのは説明であり，説明が最も重要であると述べている。今後，個別最適な学びと

図8.1　拡大提示によって指示や説明をわかりやすくする

協働的な学びが進めば，こうした時間は減っていくものと思われるものの，なくなることはないだろう。この指示や説明をわかりやすくするためによく行われるのは，教科書や教材等を電子黒板等の大型提示装置で拡大提示しながら話すことである（図8.1）。

さらに，近年では一人一台端末の普及に伴い，子供が自ら作成したプレゼンテーションを提示するなどにも大型提示装置は活用される。これも子供の説明をわかりやすく伝えるためのICT活用といえよう。それ以外にも，一人一台端末によって得られる子供の学習状況を一覧表示するためなどにも活用されている。いずれにしても，一人一台端末が普及しても，こうした大型提示装置によるICT活用は欠かせない。

このように大型提示装置によるICT活用はさまざまなバリエーションがあるが，教師として特に学ぶ必要があるのは，指示や説明のためのICT活用である。特に教科書や教材等の拡大提示である。何を，どのように拡大提示して，なんと話すか，その際，どのようなICT機器があるかなどを理解する必要がある。

2. 授業において活用されるICT機器
○ 大型テレビ，プロジェクタ，電子黒板

大型テレビ，プロジェクタ，電子黒板は大型提示装置と呼ばれる。いずれもコンテンツを大きく映すための機器である。このうち特に電子黒板は，画面上をタッチ操作して，接続されたパソコンを操作できる特徴がある。わが国の小学校と中学校では大型テレビが最も普及しており，高校ではプロジェクタが最も普及している（文部科学省 2023）。

○ パソコン，ノートパソコン，タブレット端末

教員は，これらを大型テレビ等に接続して，指導者用デジタル教科書やデジタルコンテンツ等を拡大提示するために活用することが多い。

児童生徒向けには，画面をタッチ操作可能なタブレット端末が活用されることが多く，単にタブレットといわれることもある。インターネットの情報検索やプレゼンテーションによる表現など，さまざまな活用がなされる。ア

メリカやオーストラリア等ではキーボード付きのノートパソコンの活用が多い。わが国においても，教育振興基本計画等において，タブレット端末であったり，ハードウェア式のキーボードつきの情報端末が推奨されている。

○ 実物投影機（書画カメラ）

　カメラによって教科書やノート等を映すための機器

図 8.2　実物投影機で電子黒板にノートを拡大提示して自分の考えを発表
児童の視線を集中させやすい。

である。教具や植物などの実物や，書道や半田付けなどのやり方を教える際にも活用できる。仕組みが単純なため，教員の工夫によりさまざまな活用がしやすい万能な ICT であり，機器のトラブルがあっても対応しやすい。

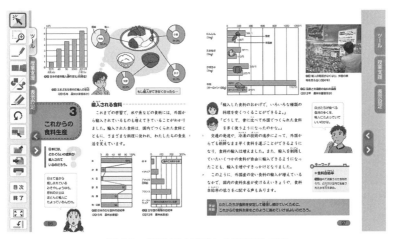

図 8.3　指導者用デジタル教科書の例
教科書紙面と同じ内容を拡大提示しやすくなっている。
（出所）教育出版「小学社会 5 年」

○　デジタル教科書

　主に教員が活用するための「指導者用デジタル教科書」と，主に児童生徒が活用するための「学習者用デジタル教科書」に分けられる。指導者用デジタル教科書は，教員が教科書紙面を大型テレビ等に拡大提示するために用いられることが多く，ほぼすべての教科書会社から提供されている（図8.3）。学習者用デジタル教科書は，紙の教科書に代わるものとして期待されているが，現時点で，実際に提供されているものは少ない。実際に学習者用デジタル教科書を活用した授業を行うと，それを指導者用に使うケースがあったり，逆に指導者用を学習者が用いることがあることから，こうした区別はいずれなくなるのではと思われる。

○　デジタルコンテンツ

　学習用の動画や画像をデジタル化して，インターネット等で入手しやすくしたもののことである。例えば，NHK for School では，放送された番組の視聴はもちろんのこと，関連する動画や静止画を利用することができる。

○　アプリケーションソフトウェア

　インターネットを閲覧するためのブラウザをはじめ，ワープロ，表計算，プレゼンソフトなどのことである。小中学生向けに使いやすくした学校専用のものもある。また，最近では，タブレット端末の特性を活かした学習ソフトウェアも多い。さらに，電子黒板では，画面の保存等を有効にするために専用ソフトウェアが必要とされるが，こういったハードウェアの活用のためのソフトウェアもある。

第2節　教員による ICT 活用

1. すべての基本となる ICT 活用

　教員による ICT 活用は，授業における ICT 活用の基本である。そして，その ICT 活用の大部分は，教科書や教材等の拡大提示である。

　教科書等を拡大提示しながら，教員が話すことで，より興味関心を高める

発問になったり，言葉だけでは困難なことをわかりやすく説明したり，明確な指示をしたりすることができる。特に，学力が低位の児童生徒には，拡大提示を用いて伝えた方がわかりやすい。

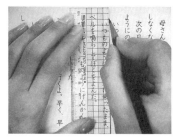

図8.4　実物投影機で手本を示す
お手本を見せることで，線を引く位置だけではなく，定規の使い方，両手の動かし方なども伝えている。
（出所）高橋（2016：96）

　図8.4 は，教科書の大事な箇所に線を引く指導場面である。実物投影機で拡大提示することで二つのことを教えている。「線を引く位置」と「線の引き方」である。定規の向きや手の位置といったことも，教員がお手本となり教えている。他にも，

答え合わせのシーンを拡大提示すれば，正解のみならず，答えの合わせ方も伝えることができる。教員が教えたいのは，正解そのもののみならず，導き方や学習スキルも含めてである。学力の底上げを図りたい教員にとって役立つ活用方法である。

2. 拡大提示のための ICT 活用のポイント

　教員が教科書や教材等を拡大提示して学習指導する際は，映す内容，つまり，① 拡大提示する教材の選択が重要となる（情報提示）。しかし，どんなに素晴らしい教材であっても，拡大提示しさえすれば児童生徒が学習するわけではない。加えて，② どのように拡大提示するか（焦点化），③ 何と教師が話すか（発話），についても適切な検討を行い，それらを組み合わせて指導を行うことがポイントとなる（図8.5）。

図8.5　教科書や教材等の拡大提示
① 情報提示，② 焦点化，③ 発話
の3点がポイント。

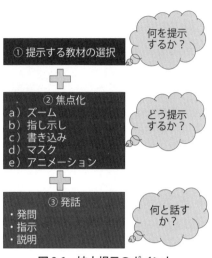

図8.6　拡大提示のポイント
各事項の適切に組み合わせて，
わかりやすく伝える。

これら三つが，教員による教材の拡大提示を学習指導として成立させるためのポイントになる。それぞれを詳細化するならば，**図8.6**になる。

① 拡大提示する教材の選択（情報提示）

拡大提示する教材としては，学習のねらいに基づいた教材，教員が口頭だけでは説明しにくいと感じている教材，児童生徒がつまずきやすい学習内容に関する教材などが選択されることが多い。

② 焦点化

どのように拡大提示するか（焦点化）の手法は，a）ズーム，b）指し示し，c）書き込み，d）マスク，e）アニメーションの5つに分けられる（高橋ら2012）。多くの場合で，この5つのいずれかの方法を，単独あるいは組み合わせて提示の工夫をすることが多い。

a）のズームの最も基本的な方法は，学習指導に関係する箇所だけをズームし，不要な部分を提示しないことである。加えて，学習のねらいに基づいて，ある一部分だけをズームして提示することで，気づきを促したり，見えていない部分を想像させたりするためにも使われる。

b）の指し示しは，教員が，指や指し棒などで，教材を指し示す方法である。教員による発話に合わせて，丁寧に指し示すことで，児童生徒の視線をより集中させることができる。

c）の書き込みは，教材の上に，書き込みを行うことである。電子黒板を利用している場合はペン機能を用いたり，プロジェクタを黒板やマグネットスクリーンに投影している場合はチョークやホワイトボードマーカーで書き込んだり，パソコンの機能を用いて書き込んだりもできる。書き込みの実現方法はさまざまであるが，効果は大きく変わらない。教員による発話や児童

生徒の発言に合わせて，そのポイントを書き込んでいくことが重要である。

　d）のマスクは，教材の一部分を隠すことである（図8.7）。例えば，教科書の太字部分だけを，付箋紙で隠し，めくっていくような方法である。

　e）のアニメーションは，動的に変化の様子を見せたり，徐々にグラフデータを見せたりする方法である。静止画だけでは伝えにくい内容を動的なアニメー

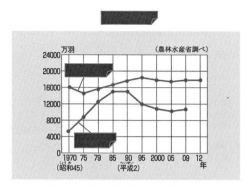

図 8.7　重要部分をマスクする

（出所）チエル（CHIeru），「小学校の見せて教える社会科5年生」https://www.chieru.co.jp/products/jr-school/misete-shakai/（2019.6.5 最終閲覧）より。

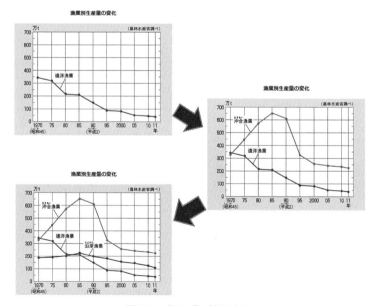

図8.8　少しずつ提示する

（出所）図 8.7 に同じ。

ションで見せることは，理解を促すために有効な方法である。一方で，動画といった自動的に進んでいく表現だけではなく，教員の操作によって，任意のグラフの棒の一つひとつが提示されていくといった方法もある（**図8.8**）。

③ **教員の発話**

　最も重要と考えられる。そもそも，発問，指示，説明といった教員による発話を，より豊かで確実なものにするために，ICT による教材等の拡大提示があるといえる。

3. ICT 選択の考え方

　教員による ICT 活用は，先に述べたとおり，そのほとんどが教科書・教材等の拡大提示である。その際，必ず「映す内容」＋「大きく映す機器」で実現される（**図8.9**）。映す内容には，デジタル教材，指導者用デジタル教科書，実物投影機で映した教科書などのコンテンツが挙げられる。大きく映す機器には，プロジェクタや電子黒板などが挙げられる。重要なのはどちらか？を考えれば，映す内容といえるだろう。家庭にあるテレビを例にすれば，大

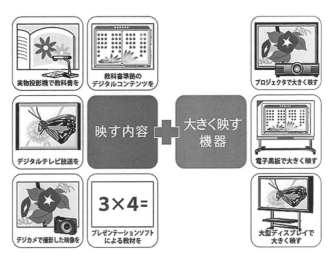

図8.9　拡大提示は「映す内容」と「大きく映す機器」の組み合わせ

（出所）図 8.7 に同じ。

事なことは 4K であるとか，65 インチであるとか，そういった受信機として
のテレビ機器の性能より，どのような番組か，面白い映画かといったことの
方が影響力は大きい。つまり，電子黒板の有効活用と考えるよりも，何をど
のように拡大提示すると，児童生徒の興味関心を高められるか，拡大提示し
ながら何と話せば分かりやすい説明になるかといった，教材研究や指導技術
の研究の方が重要である。電子黒板やタブレット端末といった機器の機能や
性能にばかりに目を向けずに，教材研究の観点から，コンテンツやソフトウ
ェアについても十分な検討を行う必要がある。

［高橋　純］

● **考えてみよう！**

▶ あなたが授業をする際に，教科書紙面のどの箇所を，どのように拡大提示
しながら，発話するかを，実際の教科書紙面を見ながら考えてみよう。
▶ あなたが，日常の生活や学習において，コンピュータを活用している場面
を書き出してみよう。そのうえで，児童生徒に，授業で，どのようにコン
ピュータを活用させたいか，あなたの考えをまとめてみよう。

● **引用・参考文献**
大西忠治（1988）『発問上達法—授業つくり上達法 PART2』民衆社
高橋純（2016）「ICT を活用した授業」平野朝久編『教師のための教育学シリーズ 1
　教職総論』学文社，pp.93-106
高橋純・安念美香・堀田龍也（2012）「教員が ICT で教材等の拡大提示を行う際の
　焦点化の種類」『日本教育工学会論文誌』Vol.35 Suppl.，pp.65-68
内閣府（2018）「平成 29 年度　青少年のインターネット利用環境実態調査」http://
　www8.cao.go.jp/youth/youth-harm/chousa/h29/net-jittai/pdf/sokuhou.pdf（2023.10.1
　最終閲覧）
文部科学省（2023）「令和 4 年度　学校における教育の情報化の実態等に関する調
　査結果」http://www.mext.go.jp/a_menu/shotou/zyouhou/detail/1408157.htm（2023.10.1
　最終閲覧）

※　本章第 1 節 2. および第 2 節は高橋（2016）を大幅加除修正のうえ掲載。

● COLUMN ●

▶ ICT は車のようなもの

　授業における ICT 活用には，大きな可能性と期待がある。しかし，どれほど便利な ICT が生まれても，忘れてはならないことは「人はだんだんわかっていく」「人はだんだんできるようになっていく」ということである。仮に，タブレット端末が導入され，授業がわかりやすくなったり，インターネットでさまざまな情報にアクセスできるようになったりしたとしても，瞬時に理解ができたり，急激に思考力が高まったりはしない。

　依然として，議論をしたり試行錯誤を繰り返したりしながら，理解や思考を深めていく必要がある。ICT は，そういった学習活動を少ししやすくするツールに過ぎない。例えば，会社にパソコンが導入されたとしても，急激に売り上げが上がったりしないのと同じである。しかし，今やパソコンは会社の業務遂行に欠かせない日常的な道具である。同様に，学校においても，ICT を日常的に活用して学習を進めていく時代がやってきたと考えるのが妥当であろう。ICT を車に例えるとわかりやすい。車を使って，自分の脚力のみでは到達し得なかった場所に行くイメージだ。一方で，自分の脚力を鍛えることも忘れない。車があっても脚力は重要である。パワフルな ICT を活用して，かつてない高みを目指すと同時に，自分の頭脳を鍛え抜くことも忘れない。車の運転に年齢制限があることからも，必要に応じて自転車を使うなど，発達段階に応じた ICT の使い方を検討していくことになる。

　これまで同様に，教員は，繰り返し丁寧に児童生徒に働きかけていくことに変わりない。教員は，ICT をよく知り，過剰な期待をせず，便利な道具として適切に使いこなしていくことが求められている。　　　　　　　　　［高橋　純］

第9章

知識及び技能の習得と
ICT 活用

●━━ ● **本章のねらい** ● ━━●

　知識及び技能の習得に関する指導は，学習指導の中核を占める一方で，誤解も多いことから，学習指導要領からその守備範囲を確認する。また近年，学習履歴や AI といった教育データを活用したデジタル教材による指導が普及しつつある。教育データの利活用を含めて解説を行う。

第 1 節　知識及び技能

　「知識」があるといえば，一般に，ある事柄やそのことを知っていることをいう。例えば，「日本の首都はどこか？」と尋ねられれば，「東京」と答えられることなどである。また，「技能」があるといえば，例えば，計算や演奏ができることなどをいう。スキルと呼ぶこともある。

　しかし，安易にこのようには説明しにくい面もある。日本の首都が東京とは，法的にいえば，そういう定めはないそうである（参議院法制局 2020）。いくつかの説明を付け加える必要があるかもしれない。また，一口に演奏技能といっても，何とか演奏できるレベルから，習熟・熟達したレベルまである。さらに芸術レベルまで高まった演奏を演奏技能と呼んでよいのだろうか。

　先に 2 章でも「知識の理解の質」の説明を行ったとおり，知識・技能にも

幅があることに留意が必要であろう。テストなどで問われることが多い一問一答で採点がしやすいタイプの知識・技能は，学習指導要領では「個別の知識」「基礎的・基本的な知識及び技能」と限定的な表現で記述される。

　学習指導要領解説総則編では，

> 　知識については，児童が学習の過程を通して個別の知識を学びながら，そうした新たな知識が既得の知識及び技能と関連付けられ，各教科等で扱う主要な概念を深く理解し，他の学習や生活の場面でも活用できるような確かな知識として習得されるようにしていくことが重要となる。

と記述されており，個別の知識から，概念的な知識，確かな知識へとレベルアップが重要であることが示されている。これらの指導をする際には，

> 　知識の理解の質を高めることが今回の改訂においては重視されており，各教科等の指導に当たっては，学習に必要となる個別の知識については，教師が児童の学びへの興味を高めつつしっかりと教授するとともに，深い理解を伴う知識の習得につなげていくため，児童がもつ知識を活用して思考することにより，知識を相互に関連付けてより深く理解したり，知識を他の学習や生活の場面で活用できるようにしたりするための学習が必要となる。

と示されている。つまり，個別の知識については，「しっかりと教授する」とともに，それ以上の知識の習得に関しては，「児童がもつ知識を活用して思考する」ことなどが必要と示されている。つまり，個別の知識を超えた概念的な知識等の習得は，教師による教授のみでは不可能であり，子供自身が自ら問題意識をもち，調べたり，まとめたり，伝えたりする問題解決活動等の多様な学習活動が不可欠と言えよう。こうした記述は，知識のみならず，技能においても同様に示されている。

　つまり，知識・技能の習得の指導にあたっても，最終的には「主体的・対話的で深い学び」を踏まえた指導が求められる。このことも学習指導要領解説総則編には示されている。しかし，一般に「主体的・対話的で深い学び」は知識・技能の指導には不要であるといった理解が広まっていることもある。

112

すべての資質・能力の育成に関係することに留意が必要である。

　ただし，本章では，特に個別の知識・技能の習得を中心に，その指導法や ICT 活用について述べたい。それは，知識・技能のうち，概念的な知識等の育成となれば，その指導法は，思考力，判断力，表現力等の育成と似てくるからである。これらは，思考力等の育成を参考にしていただきたい。

第 2 節　漢字指導の例

　個別の知識・技能の指導で，最も日常的なのは，漢字の指導であろう。しかし，漢字指導に関する書籍は数多く販売されているが，具体的な指導法について，大学での講義や，着任後の研修等で指導を受けることは少ない。

　そこで，筆者らは，漢字指導に関する書籍 21 冊，漢字ドリルを市販している会社が示す漢字指導法 15 冊から，89 件の指導法を抽出し，教師にそれ

表 9.1　各漢字指導法の指導頻度と正答率の相関（書き取り）

番号	設問内容	相関係数
Q38	書きの練習では，新出漢字のみでなく，例文も含めてノートに練習させている	0.74
Q41	漢字練習の宿題を出している	0.64
Q82	毎日決まった時刻に宿題をするよう伝えている	0.64
Q7	漢字練習をする際のノートの書き方の手本を示している	0.59
Q37	とめ・はね・はらい，送り仮名などに気を付けさせている	0.57
Q27	空書きをしている間は，実物投影機で新出漢字を大きく映している	0.51
Q83	毎日決まった場所で宿題をするよう伝えている	0.50
Q35	ページ内にあるコラムや雑学にも触れ，目を向けさせている	0.49
Q9	正しい姿勢で書くように意識させている	0.46
Q49	出題する文字数はいつも決まっている	0.46
Q79	漢字テスト（小テストや週末テスト等）の実施日を家庭に伝えている	− 0.45
Q67	デジタル教科書を使って指導している	− 0.87
Q68	デジタル教科書を使って，新出漢字の音読み，訓読みを確認している	− 0.93
Q69	デジタル教科書を使って，新出漢字の熟語や用例を確認している	− 0.93
Q70	デジタル教科書を使って，新出漢字の書き順を練習している	− 0.93

らの頻度等を調査し，その際の子供の漢字の書き取りや読み取りの正答率の調査を行った（高橋ら 2015）。全ての教員が行っている指導法は「なぞり書き」「写し書き」であり，最も頻度が低かったのは「漢字指導法に関する研修を校内で行っている」であった。やはり，多くの教師は，ほとんど研修を受けることなく漢字指導を行っていた。年々学習科学などによって記憶や学習について，多くの知見が生まれているにもかかわらず，漢字指導は，それぞれの教師の経験に任されている実態があるといえよう。

　表9.1 は，漢字の書き取りについて，教師の指導法と子供の正答率との相関に有意な差が認められたものの一覧である。先に述べたように全ての教員が「なぞり書き」「写し書き」をさせていたが，正答率との相関でみると，ノートの使い方，宿題の出し方などが上位である。つまり「なぞり書き」「写し書き」を前提としつつも，単に書かせるだけでは不十分であり，ノートの書き方の指導や，宿題で練習量を確保するなど，さらに一工夫が必要であるといえる。一方で，デジタル教科書の活用は，正答率の向上には負の影響を及ぼしている。2015 年当時では不十分であったといえよう。デジタル教科書の黎明期であり，まだ活用している教師が少なかったり，十分な教材では

表9.2　各漢字指導法の指導頻度と教員の経験年数との相関

番号	設問内容	相関係数
Q76	フラッシュ型教材を，朝学習や授業前の休み時間等，授業外の時間で行っている	0.75
Q87	漢字指導法を全校で統一している	0.66
Q32	書き順を唱えながら写し書きをさせている	0.58
Q89	漢字指導法に関する研修を校内で行っている	0.57
Q43	毎回の宿題の取り組みを児童に記録させている	0.55
Q29	書き順を唱えながらなぞり書きをさせている	0.52
Q15	空書きをさせている	− 0.48
Q28	ずれないようになぞり書きをするよう指示している	− 0.48
Q11	新出漢字の学習を，宿題にするのではなく，授業中に行っている	− 0.52
Q25	書き順を唱えさせながら空書きをさせている	− 0.52
Q49	出題する文字数はいつも決まっている	− 0.56
Q24	空書きを何度も繰り返して練習させている	− 0.59

なかったりしたことが考えられる。

　教師の経験年数との関係でいえば,「空書き」は,最も若手に人気のある指導法である一方で,ベテランはあまり行っていない指導法であった (**表9.2**)。しかし,**表 9.1** の正答率との相関で見ると,「書く」活動に比べると高くはない。経験を積んだ教師は,あまり効果を感じておらず,経験的にあまり行わない指導法の可能性がある。

　以上,漢字指導を例に検討を行ってきたが,多くの基本的な知識・技能の指導であっても,個々の教師の経験に頼っている点が多分にあるのが実情であろう。また「なぞり書き」「写し書き」など,書く活動に一工夫を加えることが,正答率の向上に効果がありそうであるが,これらとて,子供一人一人の個人差までを考えると,何が有効な指導法か明確には言えないだろう。もちろん,書く練習をしなければ身につかないし,繰り返さないと定着や習熟はしないことは明らかである。しかし,例えば,全員に,一律に,書ける漢字も,書けない漢字も,同じ回数ずつ,漢字練習帳の空欄に書いていく練習をさせることに科学的にどこまで意味があるかである。習得できた漢字はもう練習しなくてもよいかもしれないし,習得できていない漢字は空欄がなくなってもできるまで練習しなくてはならない。

　そこで,正誤や習熟などのデータを,子供一人一人についてリアルタイムに取得して,その結果に応じて,練習をさせていくことが考えられる。こうしたデジタル教材が,近年生まれている。

第 3 節　知識・技能の習得のためのデジタル教材の例

　2023 年初頭に ChatGPT といった生成 AI が組み込まれたデジタル教材が出荷されるなど,本分野は発展が著しい。執筆時点での最新情報を記載したいと思うが,少なくとも,現時点でも,最新の製品は紙教材とは別次元の発展を遂げているといってよいだろう。ただし,学校現場では,紙教材との親和性からあえて旧製品を選ぶ場合や,新旧の区別なく選択される場合もある

ことから，歴史的発展も含めて記述したい。

1. 第 1 世代

　最も初期のデジタル教材は，ほぼ紙教材の置き換えである。教材としての使い方は，ほぼ紙と変わらない。これまでの紙教材と同じように教科書準拠の問題が画面上に出題される。それに指書きなどで回答を記入する。問題の表示様式が，紙教材と全く同じで馴染みがあることを重要な点として宣伝されているケースもある。しかし，**表9.1** に示されるように，単に紙教材をデジタル化しただけでは，大きな効果が望めない可能性はある。また，自動採点機能がついていることが，最もデジタルらしい特徴である。特に漢字であれば筆順も判定される。また，個々の学習履歴が残せる場合もあるが，名列表に得点を単純に記録し，のちに教師が成績処理等に活用するといった紙の時代と同じ活用が想定されている。

2. 第 2 世代

　アダプティブラーニング（Adaptive Learning）であることが大きな特徴といえる。子供一人一人の学習履歴の取得は前提であり，正誤情報や学習状況等に基づいて，一人一人に異なる問題が繰り返し出題され，習得を図る。つまずきなどの診断には AI が用いられることもある。子供からみれば，自分のペースで繰り返し学ぶことができることに，よさを感じる場合もある。一人一人に異なる問題が出題されることから，教師によっては，教師自身が見たこともない問題を子供が解くことになることに違和感を感じるケースもある。信頼できる問題が出題されているかの確認が重要であろう。

　子供は，定期テスト等で出題されるような問題を繰り返し解き，教師は，管理画面で，子供一人一人の定着の度合いが確認できるようになることから，定期テストを廃止したり，回数を減らしたりする動きも見られる。授業や評価の比重が，思考力等の育成に移り，レポートや作品などによる成果も重視されるといった変化も生まれている。

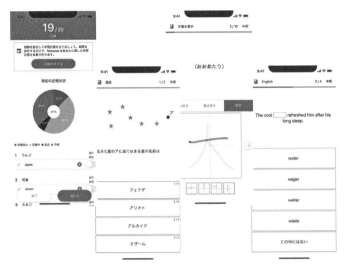

図9.1　第3世代：まずは解いて，定着を図る教材の例（モノグサ株式会社）

3.　第3世代

　第2世代の特徴に加えて，教師による説明はあまり必要とされていない特徴がある。つまり，教師による説明を，子供が聞いて理解してから，問題を解いて定着を図るといった従来の考え方ではない。あたかも，あいさつの指導のように，「おはよう」とまずは言わせるようなイメージである。「朝はおはようと言う」といった事前の説明はない。最初から，ほぼ説明抜きで問題を解いて，できなければ次々とやさしくなったり，説明があったりする。できるようになると徐々に難しくなっていくような出題形式である。どれだけ「知っている」かということより，どれだけ「できる」かを重視していることからも，コンピテンシーベースの習得と考えられるかもしれない。説明中心の授業を前提とせず，教師も不要な場合も多いことから，現在のところ，生涯学習向けや学習塾向けに市販されている。

　また，学習者ごとに習熟度や忘却度を求めて，確実に定着を図るものも出現している。記憶といった学習状況を可視化するだけではなく，試験日などの特定の人を指定しておくと，その日までに記憶ができるように毎日，着実

に出題される機能を有するものもある。英語学習については，生成 AI も組み合わせて，文法や発音のチェックや誤り対する助言などが，子供一人一人に家庭教師のように行われることから，もはや一斉指導は太刀打ちができないと感じられる。

　中学・高校等でよくみられる教師の手作りのプリントを穴埋めていくような授業は，こうした教材に取って代わられる可能性がある。

第4節　知識・技能の定着までを見届ける指導へ

　第2世代以降のデジタル教材になって大きく変化したことは，子供一人一人の習得の状況のみならず，学習量が把握しやすくなったことである。従来は，習得できたか，学習に効果があったかどうかが第一であったが，それ以前の学習量，つまりは個々の努力を賞賛する機能を備えている。何かを習得するには，学習量が一定量を超える必要がある。得意なことはすぐに習得できても，苦手なことはなかなか習得できないといった特徴がある。そこで，苦手でも身につけなくてはならないことは，まずは努力量を励みに，自分に合った問題を繰り返し取り組んでいく。苦手な分野こそ，こうしたデジタル教材が有効であると考えられる。

　つまり習得するスピードは，子供一人一人で異なるのが常である。このことを前提に授業も進めていく必要がある。しかし，第2世代以降のデジタル教材を活用しようとしたときに，教師が心配するのは，個々の進度が異なることから「終わらなくなる」ということである。とはいえ，教師が当該の学習内容について，一斉に説明すれば終わったことになるのか。子供に身についたといえるのかという問題がある。これまでの多くの教科指導のように，教師のペースですべてを説明して終わったことにして，いずれテストをやるので，よく練習しておくようにと指示するのは，乱暴な指導法であった可能性がある。

　一人一台端末によって，特に個別の知識・技能の習得については，個別最

適な練習と，その取り組み状況がリアルタイムに把握できるようになった。これまでと発想を変えて，全ての説明をしたら終わりではなく，一つでも多くのことをしっかり子供一人一人に定着するように指導していくことが望まれているといえるだろう。

第5節　教育データの利活用へ

子供一人一人の学習状況といった教育データの利活用が最も進んでいるのは，これまで述べてきた個別の知識・技能の習得に関する部分である。今後，学校教育のあらゆる分野で進んでいくだろう。

教育データとは，児童生徒の学習面のデータ（スタディ・ログ），生活・健康面のデータ（ライフ・ログ），教師の指導・支援等のデータ（アシスト・ログ），学校・設置者のデータ（運営・行政データ）がある（文部科学省 2023）。それらは，テストの点数といった定量的なデータだけではなく，レポート等の成果物といった定性的なデータも想定されている。

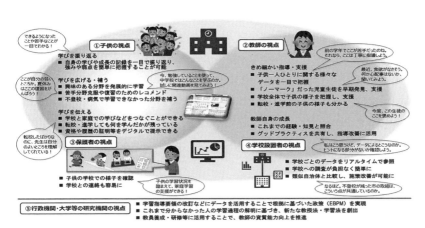

図9.2　教育データの利活用の目的

（出所）文部科学省（2021：3）

　文部科学省では，教育データの利活用の目的として，次の5つの視点に分けて検討を続けている（**図9.2**）。①子供の視点，②教師の視点，③保護者の視点，④学校設置者の視点，⑤行政機関・大学等の研究機関の視点である。

　子供一人一人の学習状況といったデータであっても，①〜⑤の視点で，それぞれの立場で活用される。「子供の視点」や「教師の視点」についてはこれまでも述べてきたとおりであるが，さらに子供の学校の様子を確認する「保護者の視点」，学校全体のデータをリアルタイムに参照する「学校設置者の視点」，さらにエビデンスに基づいた政策（EBPM）を行うための「行政機関・大学等の研究機関の視点」である。このように一つのデータが，さまざまに活用されることが想定される。

　特に，全国の子供全員のデータがリアルタイムに把握，分析できるようになった場合，これまでになかった多くの知見が得られることが予想できる。学習内容の組み替えや，指導法も変化する可能性がある。こうしたことは「ビッグデータの利活用」と呼ばれる。また，学びの連続性・継続性から，個々の子供の学習データを，生涯を通じて活用していく取り組みもある。

　しかし，教育データの利活用は，一見便利なようで，本人が望まない形で活用される危険も同時にある。また，データの相互運用性の確保のための標準化など，将来に向けて，制度上，技術上において克服すべき課題も数多くある。

　今後，検討していくにあたって重要なのは，以下の教育データの利活用の原則である（文部科学省 2021：4-5）。

（1）教育・学習は，技術に優先すること
（2）最新・汎用的な技術を活用すること
（3）簡便かつ効果的な仕組みを目指すこと
（4）安全・安心を確保すること
（5）スモールスタート・逐次改善していくこと

　これらの原則を踏まえて，一つひとつ検討が進んでいるところである。

［高橋　純］

● **考えてみよう!**

▶ 知識及び技能について，具体例を挙げながら説明しよう。

▶ 知識及び技能の指導法について，具体例を挙げながら説明しよう。

▶ 最新のデジタル教材などのアプリを試してみよう。これまでの紙教材と何が違うか，まとめてみよう。

● **引用・参考文献**

参議院法制局（2020）「首都を定める法律」https://houseikyoku.sangiin.go.jp/column/column081.htm（2023.9.30 最終閲覧）

高橋純・長勢美里・中沢美仁・山口直人・堀田龍也（2015）「教員の経験年数や漢字指導法が児童の漢字読み書きの正答率に及ぼす影響」『教育実践研究：富山大学人間発達科学研究実践総合センター紀要』10：53-60

文部科学省（2021）「教育データの利活用に係る論点整理（中間まとめ）」（教育データの利活用に関する有識者会議）https://www.mext.go.jp/content/20210331-mxt_syoto01-000013887_1.pdf（2023.9.30 最終閲覧）

第10章

思考力，判断力，表現力等の育成とICT活用

───● 本章のねらい ●───

「思考力，判断力，表現力等」は私たちの生活においても大切なものである。本章では，まず「思考力，判断力，表現力等」について理解する。そして，ICTを活用して児童生徒に「思考力，判断力，表現力等」を育成する指導方法を身につけることが本章のねらいである。

第1節　思考力，判断力，表現力等を育成する意義

　前章までもみてきたように，2017・18（平成29・30）年告示の学習指導要領では，すべての校種，教科が育成を目指す資質・能力が次の三つの柱で整理された（**図10.1**）。併せて，すべての教科等の単元で，児童生徒が身につけるべき「①知識及び技能」と「②思考力，判断力，表現力等」が明確に示されるようになった。

　（1）知識及び技能の習得

　（2）思考力，判断力，表現力等の育成

　（3）学びに向かう力，人間性等の涵養

　それぞれの資質・能力は相互に関連していて，知識・技能を習得した後，思考・判断・表現において活用されるという一方向のみに向かう流れではなく，思考・判断・表現によって知識・技能が生きて働くものとして習得され

たり，思考・判断・表現を通して知識・技能が更新されたりする関係にある。これはつまり，知識・技能をただ習得するだけでなく，思考・判断・表現等をとおして，習得した知識・技能を活用したり，知識・技能を生きて働くものとして習得したり，知識・技能が更新されたりしなければならないということである。

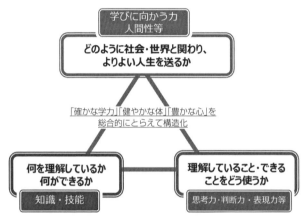

図10.1　育成を目指す資質・能力の三つの柱

（出所）中央教育審議会（2016）

　ここで「②思考力・判断力・表現力等」は，将来の予測が困難な社会の中でも未来を切り拓いていくために必要なもので，理解していることやできることをどう使うか，未知の状況にも対応できるものとして，その育成の過程は，次の三つに分類される（中央教育審議会　2016）。

1. 物事の中から問題を見いだし，その問題を定義し解決の方向性を決定し，解決方法を探して計画を立て，結果を予測しながら実行し，振り返って次の問題発見・解決につなげていく過程
2. 精査した情報を基に自分の考えを形成し，文章や発話によって表現したり，目的や場面，状況等に応じて互いの考えを適切に伝え合い，多様な考えを理解したり，集団としての考えを形成したりしていく過程
3. 思いや考えを基に構想し，意味や価値を創造していく過程

　さらに,「①知識及び技能」「②思考力, 判断力, 表現力等」をどのような方向性で働かせていくかを決定づけるのが,「③学びに向かう力・人間性等」の涵養である。資質・能力の三つの柱は相互に関係し合いながら育成されるもので, どのように社会・世界と関わり, よりよい人生を送ったり, 学びを人生や社会に生かそうとしたりするのかが「③学びに向かう力・人間性等」の涵養となる。体験活動も含め, 社会や世界との関わりの中で, 学んだことの意義を実感できるような学習活動を充実させていくことが重要で, 次のような情意や態度等を育む必要があると説明される (中央教育審議会 2016)。

---

1. 主体的に学習に取り組む態度も含めた学びに向かう力や, 自己の感情や行動を統制する能力, 自らの思考の過程等を客観的に捉える力など, いわゆる「メタ認知」に関するもの。
2. 多様性を尊重する態度と互いのよさを生かして協働する力, 持続可能な社会づくりに向けた態度, リーダーシップやチームワーク, 感性, 優しさや思いやりなど, 人間性等に関するもの。

　このように, 各教科等では, 児童生徒が各教科等の特質に応じた見方・考え方を働かせながら, 知識を相互に関連づけてより深く理解したり, 情報を精査して考えを形成したり, 問題を見いだして解決策を考えたり, 思いや考えを基に創造したりすることに向かう過程を重視した学習の充実を図ることが求められている。

第 2 節　ICT を活用した思考力, 判断力, 表現力等の育成

　前節で, 思考力, 判断力, 表現力等を育成する意義をみてきたが, それでは,「②思考力, 判断力, 表現力等」を育成するにはどうしたらよいだろうか。
　ここでは, ICT を活用した思考力, 判断力, 表現力等の育成についてみていくために, まず反対に, ICT 環境がない教室で「②思考力, 判断力, 表現力等」「③学びに向かう力・人間性等」を育てる方法について考えてみてほしい。

「総合的な学習の時間」の目標を例に考えてみよう（文部科学省 2017）。

第1　目標

　探究的な見方・考え方を働かせ，横断的・総合的な学習を行うことを通して，よりよく課題を解決し，自己の生き方を考えていくための資質・能力を次のとおり育成することを目指す。

(1) 探究的な学習の過程において，課題の解決に必要な知識及び技能を身に付け，課題に関わる概念を形成し，探究的な学習のよさを理解するようにする。

[知識・技能]

(2) 実社会や実生活の中から問いを見いだし，自分で課題を立て，情報を集め，整理・分析して，まとめ・表現することができるようにする。

[思考力，判断力，表現力等]

(3) 探究的な学習に主体的・協働的に取り組むとともに，互いのよさを生かしながら，積極的に社会に参画しようとする態度を養う。

[学びに向かう力・人間性等]

「総合的な学習の時間」では，課題の解決ができるようになるために，実社会や実生活から問いを見いだせるようになる必要がある。この時に ICT 環境が使えなかったら，教科書や書籍など紙媒体で提供されているものを主として問いをみつけなければならない。また，情報を集める段階で，ICT が使えないと，とても狭い範囲でしか情報をみつけることができない。集める情報が不十分だと，その後の整理・分析，まとめ・表現にも影響が出ることになる。一方，ICT を用いることができれば，学校内で触れられる紙で提供されているものの何十倍，何百倍もの情報に触れることができるのだ。この差は歴然であり，こうした点からも私たちは ICT を学習でうまく取り入れていく必要がある。まとめたり，発表したりするときも，手書きだけでなく，ICT を使うと効率的に見栄えのよい資料を作ることができる。内容を入れ替えることも容易だ。

　また従来は，知識の伝達は特権階級の人たちだけで行われてきた。学校は古くから存在するが，家事を行わずに学校に行くことができる一部の人達のみが通える場所で，そこに通うことができる生徒にのみ先生から伝えられてきた。また，知識は手書きで巻物などに記されて伝達されてきた。手書きで書かれた書物は高価で，一般の人が読むことができるものではなかった。15

（教師が一方的に知識を伝達）
図 10.2　一斉授業イメージ

世紀のグーテンベルクの活版印刷機の登場は画期的で，印刷技術によって知識が安価に伝達されるようになる。

これにより，情報の伝達が変わり，人々の知識を受け取ることができる量が増え，社会に大きな変革をもたらす。ここで，昨今の ICT の発展もグーテンベルクの活版印刷機の登場と同様の，あるいはそれ以上の大きな変化をもたらすものであるといえよう。だが，社会に大きな変化をもたらしているものの，教育の対応は遅れている。知識の量は変化しているのに，知識の伝達の変化が追いついていない昨今の教育事情を私たちは変えていく必要がある。そうしなければ時代に即した思考力，判断力，表現力等の育成はできない。

第3節　ICT を活用した探究的な学習のケーススタディ

本節では，実際に ICT をどのように探究的な学習で活用することができるのか，「総合的な学習の時間」における Google Workspace for Education の利用を例として具体的にみていく。

1. ICT を活用した探究的な学習の見通しと展開

Google Classroom を用いると，教師が作成したクラス別に，教材の配付，課題やテストの配信，アンケートの実施，生徒へのお知らせなどをクラウド上で配信することができる。探究的な学習においても，Google Classroom を用いることによって，教員は生徒にクラウド上で指示を出すことができ，授業中でも瞬時に指示を追加することができるようになる。また，時系列で追加・提示することができるため，生徒も授業の見通しをもち，流れを追いやすくなる効果がある。第3章でもみたが，学習指導要領において，探究に

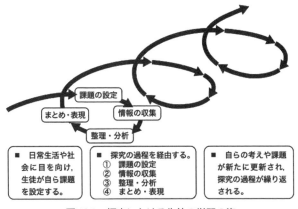

図10.3　探究における生徒の学習の姿

（出所）文部科学省（2017：9）

おける生徒の学習の姿は**図10.3**のように示される。「課題の設定」「情報の
収集」「整理・分析」「まとめ・表現」という問題解決の一連のプロセスの全
体像を提示することにより，児童生徒は見通しをもって取り組むことができ
るようになる。

　これまで紙で準備していたプリントを印刷したり，配付したりする必要が
なくなることも大きい。紙ではなくクラウド上に情報が蓄積されるため，生
徒はファイリングすることなく授業を進めることができる。「プリントを忘
れました」「プリントを失くしました」ということや，ファイリングがうま
くできない児童生徒に対する指導もなくなる。ファイリングすることも大切
なスキルだったかもしれないが，探究的な学習において，より本質的なこと
に時間を使いたい。

2. ICT を活用した課題の設定のケーススタディ

　「課題の設定」「情報の収集」「整理・分析」「まとめ・表現」の探究のプロ
セスの中で，最初にして最も難しいと思われるのが「課題の設定」である。
「課題の設定」で，児童生徒自身が本当にやってみたいと思う課題を設定で
きれば，その後の「情報の収集」「整理・分析」「まとめ・表現」が円滑に進

むことが多い。裏を返せば，「課題の設定」に頓挫すると，その先もなかなか進みにくいということである。

　しかし，「これをやりたい」というものをすでにもっている児童生徒ばかりではない。そこで，「課題の設定」では「関連資料を調べて，興味をもったことを紹介しあう」「興味があることを写真に撮ってきてもらい紹介しあう」「関連キーワード三つを紹介しあう」ことなどを通して，課題を探すようなことが考えられる。

　この際，Google Classroom の投稿やコメントを使ったり，Google Chat やホワイトボードツールを使ったりすると，児童生徒は素材や意見を多く挙げやすくなる。特に，画像や動画は，紙では共有することが容易ではなかったものであり，児童生徒が扱うことができる素材が広がる。複数の生徒が同時に発言することができるようになるのもクラウド活用の大きなメリットである。これまでであれば指名された一人の生徒しか答えることができなかった場面で，クラウドを使用することにより，クラス中の生徒が一斉に発言できるようになるのだ。それによって，多くの意見を受け取ることができるようになる。このようなアプリを使ってディスカッションを行ったりしながら，児童生徒一人一人にあった課題をみつけていくことが望まれる。

3.　ICT を活用した情報の収集のケーススタディ

　「情報の収集」では，図書，新聞，雑誌，論文，ウェブサイト，動画，インタビュー，アンケート，フィールドワークなどによって情報を集めることができる。図書や新聞，雑誌などはこれまで紙で提供されてきたが，インターネットを介して同じものを参照することができるようになってきている。もちろんインターネットですべての情報が得られるわけではないので，学校図書館や地域の図書館も活用できるようにすることが望ましい。

　Google フォームはクラウド上でアンケートの作成や実施ができるアプリで，印刷することなくアンケートを実施することができるようになった。作成したアンケートの URL を共有することにより，遠く離れた人にもアンケートを配信することができるため，紙で行っていた時に比べて，アンケートを実

施しやすくなった。また，結果をCSVファイルに書き出すことができるため，「整理・分析」の段階でのアンケート結果の集計が，紙で行っていた時に比べ，格段の時間短縮となる。

4. ICTを活用した整理・分析のケーススタディ

データを分析する際には，Googleスプレッドシートのアプリが役に立つ。データを入力して分析したり，表を作成したりするスキルは探究の問題解決の場面を通して身につけさせたいものである。高校においては，Pythonのようなプログラミング言語を使って分析を行うこともよい。紙では相当の時間がかかっていたものが，ICTを活用することで大量のデータを短時間で処理することができるので，「整理・分析」でICTを効果的に扱うことができるかどうかは，探究の結果にも大きな影響を与えるものとなる。

5. ICTを活用したまとめ・表現のケーススタディ

Googleスライドはクラウド上で展開されるプレゼンテーションアプリで，従来のプレゼンテーションソフトウェアのように保存を意識する必要がないため，ファイルの保存に失敗して作成していたものが途中で消えてしまうということがない。また，クラウド上に保存されているため，ファイルをUSBなどに保存して持ち帰らなくても，自宅でも同じ環境で再開できる。また，グループで共同編集ができるため，他の人の作業をみながらスライドを作成できる。中間・最終発表の場面だけでなく，各探究の過程で考えや状況をまとめる際にも役に立つ。

Googleドキュメントは，クラウド上で展開される日本語文書ソフトウェアで，主に「まとめ・表現」で，レポートや論文を執筆する際に活用できる。クラウドで共有することで，教員が進捗を瞬時に確認できるだけでなく，生徒が相互に校閲することができる。

第4節　まとめ

　本章では，思考力，判断力，表現力等を育成する意義について概観し，探究のプロセスを例にICTを活用する具体的な方法についてみてきた。これらは他の場面でも用いることができるものであり，どのように使ったら，児童生徒が思考力，判断力，表現力等を育成できるか，活用方法を広く検討してほしい。またICTは日進月歩で技術が進んでいくものなので，児童生徒と試行錯誤しながら，楽しみながら活用してほしい。

［登本　洋子］

● 考えてみよう！

- ▶「思考力，判断力，表現力等」を育成するにはICTをどのように活用したらよいか考えてみよう。
- ▶各教科で，どのような探究ができるか考えてみよう。

● 引用・参考文献

中央教育審議会（2016）「幼稚園，小学校，中学校，高等学校及び特別支援学校の学習指導要領等の改善及び必要な方策等について（答申）」（中教審第197号）
登本洋子・伊藤史織・後藤芳文（2023）『改訂版 学びの技：14歳からの探究・論文・プレゼンテーション』玉川大学出版部
文部科学省（2017）「小学校学習指導要領（平成29年告示）解説　総合的な学習の時間編」

▶ **学び手の気持ちを忘れない──好奇心をもって学び続ける**

　2023年6月に東京学芸大学と東北大学の研究チームで，小学校，中学校，高等学校の1015名の教員を対象に生成AIに関する調査を行った。生成AIについて「よく知っている」「知っている」という教員は38.1％，生成AIをすでに使ったことがあると回答した教員は19.3％であった。

　AIの急速な進化は，私たちの生活に大きな影響を与えようとしていて，学校教育も例外ではない。生成AIも登場以降，連日大きな話題となっている。そのようななか，生成AIに関する調査結果は，私たちの予想よりも，低いものだった。

　このコラムを読んでくれている読者は，これから教員になろうとしている，あるいはすでに教員として教壇に立っている人が大半だろう。この授業の学び手から，職業としての教え手になるわけであるが，教える側になっても，学ぶ側でもあることをどうか心掛けてほしい。教員は誰しも学ぶ側を経て，教える側になる。しかし，教える側になった途端，学び手の気持ちを忘れてしまうことが少なくない。学ぶことは誰しも経験してきたことであるものの，教え手になっても学ぶことを通して，得るものは大きい。

　なぜなら，教える側になった後，教えることに必死になってしまうあまり，学び手の気持ちを忘れてしまいがちだからだ。教える側になっても，学ぶ側の機会をもてれば，こうして教えられると嬉しい，こうされると嫌だということが手にとるようにわかる。学び手だったときとは違った視点で，教え手を客観的にみることだってできる。さらに学んだことを児童生徒に話してほしい。先生も学んでいることを知ったら，児童生徒も嬉しいし，学ぶ意欲につながる。

　学ぶことは倫理的に問題がないものであれば何でもよい。これだけ話題になっている前述の生成AIなどもぜひ挑戦してほしい。教員になると忙しさのあまり，学ぶ時間を取ることは難しいかもしれない。それでも，少しの時間でよいから，好奇心をもって学ぶチャレンジを続けてほしいと思う。

［登本 洋子］

第11章

遠隔やオンライン，さまざまな ニーズに応じた教育と ICT 活用

―●　本章のねらい　●―

　離島で生活していたり，心身に障害をもっていたりするなど，一人一人の多様なニーズに応じるための教育方法の重要性が謳われている。本章では，物理的制約や心身の制約にとどまらず，あらゆる子供たちのニーズに応じるための ICT を基盤とした教育方法について学んでゆく。

第1節　本章における ICT 活用の基本的な考え方

　本章では，遠隔教育，特別支援教育における ICT を活用した学習指導法を中心に学習する。本論に先んじて，最も重要である ICT 活用の原則を述べておく。それは，「子供一人一人を向上させる」という学校教育の一番の目的を実現するための教育方法の基盤に ICT を位置づけるということである。人口減少地域に暮らす子供であっても，心身に障害を抱えた子供であっても，彼ら一人一人が向上するために必要な学習の機会を提供するために ICT がどのように貢献できるのかを考えることが，教師にとって最も重要であることを理解してほしい。遠隔教育や特別支援教育で頻繁に使われるソフトウェアの詳細な活用法を学ぶことも確かに必要である。ただし，ソフトウェアの活用法は，それが具体的であるほど，技術の発展によって時代遅れなものになってしまいかねない。教師として最も重要なことは，ICT そのものに詳

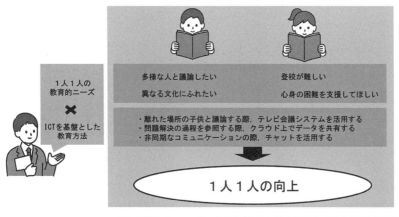

"その子"のニーズに応じた教育方法の基盤にICTを位置づける

図11.1　本章におけるICT活用の基本的な考え方

しいことではなく，その子を向上させるために必要な手段を豊かにもっていることである。このことをよく理解しておくことで，変化の激しいICTを自然と適切に活用できるようになるだろう。この視点・この視座をもって，本章を学んでほしいと願う。

第2節　遠隔・オンラインにおけるICT活用

　2018年度から2019年度に取り組まれた文部科学省の「遠隔教育システム導入実証研究事業」では，地理的に離れた学校同士をシステムでつなぎ，互いの地域の特徴を伝え合う「遠隔交流学習」や他の学校と継続的に合同で授業をすることで，コミュニケーション能力等の育成を目指す「遠隔合同学習」など，多様な実践事例が報告されている。これらの個別の事例とその解説は，あえて本書で取り扱わずとも，このガイドブックを参照していただければよいだろう。参考文献に書誌情報を掲載しておくので，ぜひ参照していただきたい。

　一方で，こうした実践は，多くの先生たちの努力の過程を抽出したものであるから，今後さらなる先生たちの試行錯誤により一層発展していくだろう。すなわち，時間とともにその様式は変化し，新たなシステムの登場により分類や整理のされ方も変わりうる。読者の皆さんは，未来の教育を担う人たちであると思う。皆さんが授業をするときには，すでに大きなゲームチェンジが起きているかもしれない。既存の枠組みはそこそこに，より本質的な議論に挑戦してほしい。

　つまりは，子供たちを目の前にしたとき，「この子たち一人一人を向上させるためには，どのような教育方法を実施したらよいか」という本質的な問いを議論の出発点にしてみよう。具体的な実践事例を一つ紹介する。安里ら（2022）は，沖縄県と静岡県の小学校をつないだクラウドベースの学校間交流学習を設計した。相手校の児童が確かにそこにいるのだという自覚をもたせるため，テレビ会議システムを活用して顔合わせの会が設けられた。また，一人一人の問題解決的な学習活動を支援するため，スライド等のデータをクラウド上で共有し，非同期に他者参照が可能な環境が設けられた。小学校社会科で学習した自分が住んでいる地域や都道府県の特徴に関する知識やこれらを調べた経験をもとに，馴染みのない地域やそこに住む人々の生活の特徴を探究することが本実践のねらいである。馴染みのない土地であっても，気候や衣食住など，土地や生活の特徴を調べるときの観点は同様であり，それまでに学習した知識や経験を抽象化し，新しい対象に応用してみる経験は，児童らにとって重要である。ICT活用を通して，実際にそこで生活する人々とともに学ぶことで，一連の問題解決はより児童らにとって真に迫ったものとなるだろう。

　この実践から学ぶべきポイントは，テレビ会議システムの活用法や共同編集機能によるデータ共有など，ICT活用法にももちろんある。しかし真に学ぶべきは，向上させたい児童の能力（ここでは，新しい土地や生活の特徴を探究する能力）があり，一人一人がこの能力を向上させるための最適な学び方を提供するために，ICTを適切に活用した点にある。ぜひ読者の皆さんには，「子供一人一人を向上させるため」のICT活用の方法を議論してほしい。

第3節　特別の支援を必要とする子供に対するICT活用

「新しい時代の特別支援教育の在り方に関する有識者会議」（文部科学省2021）では，特別支援教育の考え方として，次のことが示されている。

○特別支援教育については，共生社会の形成に向けて，障害者の権利に関する条約に基づくインクルーシブ教育システムの理念を構築することを旨として行われることが重要であり，また，障害を理由とする差別の解消の推進に関する法律（以下「障害者差別解消法」という。）や，今般の高齢者，障害者等の移動等の円滑化の促進に関する法律（以下「バリアフリー法」という。）の改正も踏まえ，全ての子供たちが適切な教育を受けられる環境を整備することが重要である。

　最後に，非常に重要な一節が記述されていることに注目してほしい。障害による不利益を解消することにとどまらず，子供一人一人のニーズに応じ，すべての子供が適切な教育を受けられる環境を整備することが宿願なのである。ICTは，教師や子供たちに最適な教育を受けるための手段を提供してくれる。例えば，視覚障害や，聴覚障害など，身体の障害による学習上の困難をもった子供は，文字の白黒反転や読み上げ機能等を用いることで，情報をインプットするときの負荷を軽減することが可能となる。知的障害や発達障害（言語障害や学習障害）など，学びにくさやコミュニケーションの困難をもつ子供は，授業に使う資料をあらかじめLMS（Learning Management System：学習管理システム）で共有し，事前や事後に学習しやすい環境を提供したり，チャット上でのアウトプットを促したりすることで，彼らなりの学び方を支援することができるだろう。

　あらゆる子供たちのニーズを満たすためには，時に既存の授業のフレームワークから問い直す必要がある。春日井市立高森台中学校で行われた地理の授業では，「オセアニアでは，なぜアジアとの結びつきが強くなったか」という単元の課題が提示されていた。この課題を解決するために，生徒は教科

書を中心に情報を収集し，端末上に情報を整理した。整理した情報をもとに他者と議論して，自分の考えの質を高めていった。この実践で特筆すべきは，情報の収集や整理，議論にかける時間や，その方法を生徒が自己決定しながら学習を進めていることである。明確な障害をもたない生徒であっても，情報を読むのに人並み以上に時間を要する生徒は，学習活動にかける時間が統制されていると，学びにくさを感じるだろう。逆にこうした情報処理に優れている生徒は，時間の統制により退屈やもどかしさを感じるかもしれない。もちろん，一人で学習を進めることが困難な生徒もいる。その生徒には，授業時間をコントロールする役割から解放された教師が，個別に支援することが可能になっている。

　このような授業の実現を支えているのは，クラウド上での他者参照である。例えば，チャットに自分の仮説を発信することで，ある子供にとっては自分なりの仮説を生成する支援になる。ある子供にとっては今後の議論の相手を見つける支援になる。ある子供にとっては似た仮説をもった人が多いことで安心感を得られる。学習障害をもつ子供は，こうした大量の情報を読み解くことに困難を感じるかもしれない。しかし，こうした情報により自律的に学習を進められる子供が増えることで，教師は真に教師を必要とする子供にしっかりと時間をとって寄り添うことができる。この点で，ICT を活用する

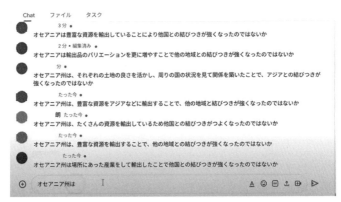

図 11.2　チャットを活用して随時他者参照できる環境を実現する

ことで，一人一人のニーズを満たす学習環境を構築できているといえるだろう。

第4節　一人一人のニーズに応じるための授業DXの展望

　こうした理念を追究する過程で，時に当たり前とされていた授業の形態そのものを変革させなければならないことがある。特にデジタルを基盤に据えることで起きる様式の革新をデジタルトランスフォーメーション（Digital Transformation）と言い，DXと略称される。授業DXを論じる前に，より身近なDXから考えてみよう。

　読者の皆さんは，飲食店でテーブルに着席すると，QRコードが置いてあり，それをスマートフォンで読み取って注文するというシステムを体験したことが，一度はあるのではないだろうか。私たちがレストランに求めていることは食事である。したがって，店員を呼んで注文を聞いてもらい，それを厨房に伝達するプロセスは，よほど店員と話したい人でない限り，蛇足である。このシステムが導入される以前は，「メニューを決める」「店員に伝える」「料理が提供される」のプロセスが基本であった。このプロセスをICTにより改善しようとした結果，「店員を呼ぶためのボタンを設置したら，どのテーブルの客が呼んだのかがわかるのではないか」というアイデアが生まれ，呼び出しボタンが設置された。しかし，客の立場に立てば，ほとんど便利になっていない。注文を伝達するステップがどれだけデジタル化されようとも，「食事をする」という目的から考えたら，店員を仲介して伝達するステップ自体が余計である。一人一台のスマートフォンの所有が当たり前になった現代，テーブルにQRコードを一つ置いておくだけで，店員を経由しなくとも注文が可能になった。もはやメニューを譲り合って見るということもなく，「食事をする」という目的をストレスなく満たすことができるようになったのである。

　以上の例から，単なるデジタル化と，DXの違いを理解してもらいたい。つまり，既存のプロセスの一部を，ICT活用により便利にする（デジタル化）

のではなく，ICT を基盤として実現できる方法を総合的に検討し，本来の目的をよりストレスなく満たすプロセスに変革する（DX）のである。「店員への伝達を便利にするための ICT 活用」を考えるのではなく，「そもそもなぜ店員へ伝達しなければならないのだろう」と考えてみることが重要である。

　さて，授業を同じ仕組みで考えてみよう。教育の根本的な目的は「子供たち一人一人を向上させる」ことである。皆さんがこれまで受けてきた授業には，「効率的に店員に伝えるための ICT 活用」は存在していないか，振り返ってみてほしい。例えば，「子供が考えを発表し，教師が板書する」という典型的な場面を検討してみよう。もちろん，この方法がすこぶる駄目だというのではない。子供一人一人を向上させるという目的のために有効な手法であったから，皆さんも経験してきたし，今日一般的といえるほど普及している教育方法となったのである。なぜ，教師はこの方法を長らく採用してきたのかを考えてみよう。大前提として，人間は他者との相互作用（やりとり）の中で，自らを成長させる社会的な生き物である。一人では一面的になってしまいがちな考えも，他者との相互作用の中で質を高めることができる。学校で多様な他者と学ぶ意義の一つである。ある子供が考えを発信することで，他の子供が自分の考えをより深めるきっかけとなりうる。これがメリットの一つ目である。また，人間の頭は，基本的にインプットよりも，アウトプットの方が深い学習が起きやすい。ただ講義を聞いているときよりも，講義の内容を自分なりに説明してみるときの方が深く学べているといわれると，理解しやすいと思う。従って，考えを発表したその子にとっても，意味のある学習が起きていると考えられる。これがメリットの二つ目である。そして，教師がこれらを黒板に整理することで，子供たちはより構造化された情報をインプットすることができる。これがメリットの三つ目である。他にもあるだろうが，この三つに焦点化して検討してみよう。すなわち，「他の子供の考えを知る」「アウトプットの機会を設ける」「構造化された情報をインプットする」ことを通じて「子供一人一人を向上させる」ための具体的な教育方法は，「子供が考えを発表して，教師が板書する」ことが子供たちにとってベストであるのかを検討したい。従来の方法だと，数名は発表できるが，挙

手している子供たち全員に発表の機会を設けることは難しい。しかし考えを発信したい子供全員がアウトプットできる環境を設けてあげたい。そうすれば，その子たちはアウトプットを通じて深い学習に臨めるうえに，より多様な考えをインプットする機会が設けられる。このように考えてみると，チャットを活用したらどうだろうか，クラウド上でいつでも他者のデータを参照できるようにしたらどうだろうか，と思い至る。ならば，一斉に発信する時間をとらずとも，発信したいタイミングで発信できるようにしたらよい。「一旦手を止めます。考えを発表できる人いますか」と，学習に熱中している子供の手を止めさせることもしなくてよい。段々と，授業の様式が変わってくる。そうすると，情報量が増大するにつれ，教師が構造的に整理した情報をインプットすることが困難になる。しかし，長い目で見たら子供一人一人が自分で情報を構造化できるように育てたいと考えれば，情報の整理の仕方を意図的・計画的に指導することが必要だと気づくだろう。一人一人を向上させるために基盤として育成すべき能力も明確になってくる。こうして，みんな一斉に「情報の収集・整理」→「発表・板書」というプロセスが「随時ICTを活用して，協働的に，インプットとアウトプットを往還する」とい

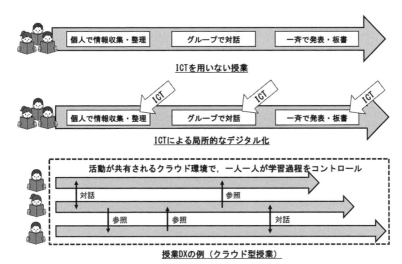

図11.3　子供一人一人のニーズに応じるための授業DXの展望

うプロセスに変わっていく。ICT を教育方法の基盤に据えることで，「子供一人一人を向上させる」という目的に一層ストレスなく迫ることができるようになることに気づく。授業 DX を実現するのは容易ではない。しかし，大義を見失わず，授業の様式を柔軟かつ大胆に革新していくことを肯定的に受け止めていく姿勢が非常に重要である。

［村上　唯斗］

● **考えてみよう！**

▶ 心身の病気で学校に来られない中学生を担任しているとしよう。この生徒は数学がとても好きで，家ではいつも数学の勉強をしている。特定のクラスメイトとの人間関係は良好で，プライベートではよく遊んでいるようだ。この生徒が向上するために，ICT を活用してどのような支援ができるだろうか？

▶ 教科書を読めば大体の内容を理解できるだけの能力がある子供と，教科書を読むことに困難を感じる子供が混在するクラスを担任しているとしよう。どのような授業の様式ならば，彼らのニーズも，他の子供たちのニーズも，満たすことができるだろうか？

▶ 生成 AI やメタバースなど，今も新しい技術が連日メディアで取り沙汰されている。これらの技術を自由に活用できるとしたら，今の授業の様式はどのように変革され得るだろうか？

● **引用・参考文献**

安里基子・木藤葵・佐藤和紀・堀田龍也（2022）「1 人 1 台情報端末の環境下におけるクラウドを用いた学校間交流学習の試み（1）―児童の共同編集の経験を踏まえた実践の設計―」『日本教育工学会 2022 年秋季全国大会講演論文集』pp.503-504

文部科学省（2021）「遠隔教育システム活用ガイドブック」https://www.mext.go.jp/content/20210601-mxt_jogai01-000010043_002.pdf（2023.7.31 最終閲覧）

文部科学省（2021）「通常の学級に在籍する特別な教育的支援を必要とする子供に関する調査結果について」https://www.mext.go.jp/b_menu/houdou/2022/1421569_00005.htm（2023.7.31 最終閲覧）

● COLUMN ●

 子供一人一人のニーズを満たす授業設計とICT

　読者の皆さんは，例えば横浜のレストランを探すとき，どのように探すだろうか。検索サイトやグルメアプリを使うこともあるだろうが，私は地図アプリをお勧めしたい。地図のエリアを横浜駅周辺にフォーカスしてみよう。「イタリアン」と打ってみると，近辺のイタリアンの店がたくさん出てくる。そのお店を利用したユーザの評価の平均値が表示される。店をタップすれば，写真や電話番号，予約フォーム，営業時間，さまざまな情報が表示される。気になるお店は地図上にピン留めできる。自分が行ってみたいお店が地図上に増えていくのは視覚的にも楽しいものである。友達にリンクを送ることもできる。何が言いたいかというと，地図アプリはすでに私たちの知っている「地図」の概念を大幅に超え，私たちだけの食べ歩きの日誌であり，コミュニケーションツールであるのだ。紙の地図が登場したとき，誰が「地図の個別最適化」を考えたであろう。

　時代とともに，ICTの焦点は「集団」から「個」に移ってきている。生成AIやメタバースなど，新しい技術が日々取り沙汰されている。皆さんが本書を手に取る頃には，すでに新しい局面を迎えていても何ら不思議はない。次々と登場するICTを「○○教育」「○○な学び」のために活用することを要請され，その活用法や指導法に日々悩まされているかもしれない。これらを別々のものの考え方で解釈する必要もないが，「あくまでツール」と一線を引くのでは本質には辿り着きにくい。そこで，日々進化するICTは，「個」のニーズを満たしてくれるツールであると解釈してみてほしい。

　ただ，「個」のニーズを満たしてくれるICTを子供たちの学びに役立てようと考えたとき，授業設計自体が集団の活動を前提としていたのでは，教師・子供ともに使いにくさを感じるのは当然である。ここでの集団とは，グループ活動のことをいうのではなく，対話にしろ発表にしろ，集団を主語として，集団が同じタイミングで活動を始めることを指している。そもそも，教育は子供たち一人一人を向上させることが宿願である。しかし数十人が活動する学級において，ICTを使わずに一人一人に焦点を当てるのには限界があっただろう。ゆえに，ある意味妥協の産物として，一定程度集団を主語とした活動が設計されてきたのではなかったか。今こそ原点に立ち返り，個のニーズを満たすICTを子供たち一人一人を主語とした授業に統合することに挑戦してみてほしい。

［村上　唯斗］

第12章

校務の情報化と ICT 環境整備

● **本章のねらい** ●

　本章では，教師の仕事として授業実施と同様に欠かせない側面である「校務」に焦点を当てる。教師の業務からスタートし，校務の情報化やそのシステム，さらには GIGA スクール構想下の情報端末とクラウドの活用による業務改善について学習する。本章を通じて，情報通信技術を効果的に活用した校務の推進について知識を広く得る。

第1節　校務の情報化

1. 教師の業務

　教師といえば，教室で教壇に立ち，児童生徒に授業をしているイメージをもっているかもしれない。教師は授業以外にどのような業務を行っているだろうか。デジタルの付箋やノートに書き出し，グループで比べてみてほしい。その中で，授業以外に時間を割いている業務を推測してみてもよいだろう。

　教師の業務内容について主なものは，「教員勤務実態調査（令和4年度）」から知ることができる。2022（令和4）年の10月から11月にかけて，全国の小中高等学校の教師，約2万8,000人が連続する7日間の勤務実態について記録した調査である。この調査では，教師の業務が「児童生徒の指導にかかわる業務」「学校の運営にかかわる業務」「外部対応」「校外」「その他」とい

う 5 つのカテゴリに分けられている。授業や授業準備は「児童生徒の指導にかかわる業務」に分類されるが，このカテゴリには，他にも学習指導，成績処理，生徒指導，部活動・クラブ活動，児童会・生徒会指導，学校行事，学年，学級経営などが含まれる。ちなみに，調査結果のうち，業務時間としてはやや長い「朝の業務」には，「朝打合せ，朝学習・朝読書の指導，朝の会，出欠確認など」が含まれる。業務の具体は，原典にあたれば確認できる。

　2006（平成 18）年の中央教育審議会の資料において，校務とは，「学校の仕事全体を指すものであり，学校の仕事全体とは，学校がその目的である教育事業を遂行するため必要とされるすべての仕事」とされている。前述の「教員勤務実態調査」で記録された業務は校務に相当するが，一般的には，授業以外の業務を指して校務と呼ぶことが多い。

2. 校務の情報化の目的

　校務の情報化については，「教育の情報化に関する手引―追補版―」を確認する必要がある。もともと「教育の情報化に関する手引」は 2019（令和元）年 12 月に公表されていたが，学校の ICT 環境の急速な変化に伴い，2020年に追補版が公表されたという経緯がある。

　校務の情報化の目的は，効率的な校務処理による業務時間の削減ならびに教育活動の質を向上させることにある。学生の皆さんが小中学生だったころ，通知表の所見欄（教師によるコメントの文章が書かれた部分）は，教師の直筆だっただろうか。それとも印字されたものだっただろうか。今では印字が当たり前だが，少し前までは，手書きでないと先生の熱意が伝わらないという風潮があった。同様に日々のプリントの丸つけやノートのコメントは教師が時間をかけて手作業で行うことに意味があるという雰囲気も残っていた。これらは，一部の保護者の意見であり，一部の教師自身の意見でもあった。通知表の所見欄に限らず，教育の情報化，なかでも校務の情報化は，そのような世間の風潮や学校の組織文化による壁にしばしば遭遇する。

　この後に紹介する統合型校務支援システムの利用に留まらず，次節以降に紹介する ICT を活用した業務改善によって，校務処理に係る業務時間が短

縮されることにより，教師は，より児童生徒の指導のために時間を割くことができる。児童生徒の出欠情報や学習履歴をもとにきめ細かい指導をしたり，その情報を教師間で共有したりすることもできる。「効率的な校務処理による業務時間の削減」は，「教育活動の質を向上」させるものであるし，何より，教師の働く環境を改善することにもつながるのである。

3.　統合型校務支援システム

　統合型校務支援システムとは，成績処理，出欠管理，時数管理等の教務系の機能，健康診断票，保健室来室管理等の保健系の機能，指導要録等の学籍系の機能に加え，学校事務系などを統合した機能をもつシステムのことである。

　入学時に氏名等の在籍情報を入力すれば，その情報をもとに，出席簿や成績表，通知表，指導要録などに情報を反映することができる。もちろん，入力した出席情報や成績情報も蓄積され，それぞれの帳票に反映される。自動的に計算・転記されるので，計算ミス・転記ミスがないことは教師の精神的負担を軽くするであろう。

　これまでの校務支援システムは，市町村別に選定されており，教師がA市からB市に異動すると，同じ県内でも校務支援システムが異なり，操作を覚え直す必要があった。統合型校務支援システムの整備については，県下で同じシステムを共同調達することで，教師の戸惑いもなくなり，大量整備によって必要な経費も減らすことに成功している。これは学習に利用する汎用のクラウドツールについても同じことがいえる。

　なお，統合型校務支援システムには，教務系，保健系，学籍系の三つの機能に加え，グループウェア機能と呼ばれる機能，例えば，教育委員会からの連絡を受けたり，教師同士でメッセージを送りあえたりする機能が含まれている。しかし，グループウェア機能は，児童生徒が授業で活用するものと同じ，汎用のクラウドツールのカレンダー機能やチャット機能等に置き換わりつつある。汎用のクラウドツールであれば，教師個人のスマホで閲覧してもよいという自治体もあり，特に，夏休みのように勤務日がまちまちな期間においても情報共有が円滑にできることが理由の一つである。

第 2 節　ICT 環境整備

1.　GIGA スクール構想の実現

　第 11 章までに，一人一台の情報端末を活用した授業について触れてきた。これらの情報端末は，誰が選び，どのように整備されているのだろうか。読者である学生の皆さんからよく聞くのは，「情報端末を購入できる家庭とそうでない家庭で格差が広がるのではないか」といった懸念の声である。

　2017（平成 29）年に告示された学習指導要領の総則において，「各学校において，コンピュータや情報通信ネットワークなどの情報手段を活用するために必要な環境を整え，これらを適切に活用した学習活動の充実を図ること」とされているように，今の学校現場では，情報端末やネットワークを活用することが大前提である。小中学校の義務教育段階では，情報端末やネットワークの整備は市町村が行っている。高等学校は，情報端末の購入は自治体予算の場合と家庭負担の場合がある。また，やみくもに選定，整備しているわけではなく，国の整備方針がある。

　「一人一台端末」時代のきっかけとなったのが，2019（令和元）年に国の補正予算として盛り込まれた「GIGA スクール構想の実現」である。小・中・特支等の児童生徒が使用する情報端末を整備，希望するすべての小・中・特支・高等学校等に一人一台情報端末を前提とした高速大容量の通信ネットワークを整備するというものである。当初の計画では，2023 年度に計画が完了する予定であった。しかし，新型コロナウイルスの影響による 2020 年 3 月からの臨時休校中に多くの学校は，児童生徒に学習用のプリントを配布するしかなかったという現実から，整備を前倒しすることになったため，一人一台情報端末の整備が早期に実現したのである。

2.　実際の整備状況

　GIGA スクール構想における学習者用端末は，実はそれほど高性能なものではない。クラウド環境でブラウザベースでの活用が想定され，ハードウ

ェアキーボードとデジタル教科書に付いた QR コードが読めるインカメラ・アウトカメラを持つ程度である。

　GIGA スクール構想では，クラウドの活用が前提とされている。第 3 節 2. で紹介する身近な業務改善も，クラウド環境と一人一台情報端末を活用したものである。クラウド環境では，専用のソフトが不要で，ブラウザを経由して文書を編集したり，カレンダーを共有したり，データの保存や共同編集ができたりする。例えば，研究授業の後の協議会において，あらかじめ共有された学習指導案に，成果や課題，代案などの観点で，同時にコメントを書き込むことができる。授業者にとっても参観した先生にとっても，すべてのコメントをすぐに確認することができる。大きな模造紙では，帰りの通勤電車でコメントを確認することは難しい。

　なお，一人一台の情報端末が普及したことで，従来のコンピュータ教室が不要になるわけではない。例えば小学校のクラブ活動でのプログラミングや中学校技術・家庭科の製図，高等学校の情報 I におけるデザインやシミュレーションなど，個別の端末では性能的に足りないような学習活動を行う空間として，また図書室と連動させた学習センターとして機能させることが求められている。

　実際の整備状況は，文部科学省の「学校における教育の情報化の実態等に関する調査」で確認することができる。この調査は，国が毎年，全国の学校を対象に行う悉皆調査の一つである。調査項目は，大きく分けて「学校における ICT 環境の整備状況」「教員の ICT 活用指導力」の二つである。調査結果は毎年公表されている。

　学生の皆さんに関わりのある地域の状況はどうだろうか。教育に予算をかけているだろうか。都道府県，市町村別のデータも一部あるので，是非確認してほしい。

3.　望まれる ICT 環境の活用

　ここまでの章にも出てきたが，中央教育審議会答申「「令和の日本型学校教育」の構築を目指して」では，子供の学びの姿として「個別最適な学び」

と「協働的な学び」が一体的に充実されていること，教職員の姿としては，環境の変化を前向きに受け止め，学び続けていることなどが挙げられている。

　しかし，「教員の ICT 活用指導力」の差や以下のような教師独特の業務から，ICT 環境の活用が進みにくい実態もある。小学校の教師は一人でほぼすべての教科等の指導を行うとともに，子供から目が離せないという状況の中で指導を行っている。それらによって「使いたい」と思っても「すぐに使えない」という場面が多く，使わずともこれまでのやり方で授業ができるという状況もある。そのような時に，ICT 支援員のサポートは有効である。教師や児童生徒，ICT 環境に合わせた授業計画の作成の支援，教材作成の支援，実際の授業場面での支援などによって，活用も促進されるだろう。

　また，先の答申では，ICT 環境の整備の在り方として，GIGA スクール構想により整備される情報端末は，家庭への持ち帰りが望まれている。2023年度の全国学力・学習状況調査の学校質問調査では，情報端末の持ち帰り頻度を調査している。小学校では，「毎日持ち帰って，毎日利用させている」14.3％，「毎日持ち帰って，時々利用させている」は13.1％であり，合わせても 30％に届いていない。

　情報端末の持ち帰りを推奨する理由は，本節 1. で学んだ ICT 整備の経緯を考えれば，気がつくかもしれない。感染症や災害の発生時にも，体調や状況が許せば，自宅や避難先における学びを保障するためである。また，日々の児童生徒による課題の実施と提出，教師による学習状況の把握と評価といった学習の充実はもちろん，夏休み等の長期休業における児童生徒と教師の交流等，一人一台の情報端末の実現以前では考えられなかった「学びを止めない」という学習環境を提供することができる。しかし，感染症や災害の発生時に，急に，オンラインで授業をしようとしても日常的に活用していない状況では，なかなかうまくいかないだろう。普段の授業において，教室前方にある大型提示装置に教材を拡大提示する際に，児童生徒が教室に居ながらにして，オンライン会議に接続し，画面共有をされることで目の前の情報端末で教材を拡大して確認するという事例もある。これはオンライン授業に参加する練習にもなっている。また，学校によっては，給食後に帰宅し，5 時

間目は自宅からオンライン授業に参加するという体験をしてみる事例もある。「自宅等でのオンラインを活用した学習指導」というキーワードで検索すると，文部科学省の持ち帰りの事例も紹介されている。参考にしてほしい。

第 3 節　GIGA スクール構想の下での校務 DX

1. 教育データの活用

　児童生徒が一人一台端末を活用することで，例えば，汎用のクラウドツールを使って学習した記録やデジタルドリルを使って学習した記録がクラウド上に蓄積される。また，テストの採点支援システムを使った結果なども蓄積される。これらの学習系データは，「学習履歴」「スタディ・ログ」とも呼ばれる。スタディ・ログは，児童生徒が学習することによって蓄積される。

　一方，統合型校務支援システムに蓄積される出席データや生活，健康面データは「ライフ・ログ」に相当する。ライフ・ログは基本的に教師が記録している。

　先に述べたようにスタディ・ログとライフ・ログは別々のネットワーク上にあることが多く，せっかくのデータを教育活動に還元することが難しい。

　学校現場における利活用に焦点を当てると，両方のデータから必要な部分を集計，グラフにして可視化する仕組みが必要である。その一例の「ダッシュボード」は一部の自治体で活用され始めたところである。

　可視化された両方のデータから児童生徒個人に適した学習方法を選択できるようにしたり，学級単位，学校単位での指導方法やカリキュラムを見直したり，さらには自治体単位でデータを活用して教育行政に生かしたりすることが期待される。

2. 身近な業務改善

　序章や第 11 章でみたように，DX はデジタルトランスフォーメーションの略で，ICT の浸透が人々の生活をあらゆる面でよりよい方向に変化させ

ることといわれている。校務 DX と聞くと，高度なことをしなくてはならないように思うかもしれない。しかし，例えば，今，私たちがメモを取るときにスマホに入力したり，スマホで写真を撮って記録したりするように，これまでは紙にメモしていたものが，気がつけば当たり前にデジタルを使っている状況ともいえるだろう。

　では，学校で日常的に行っている校務のうち，どのようなことがデジタル化されているだろうか。GIGA スクール構想下での情報端末の活用事例などを紹介する文部科学省の StuDX Style（スタディーエックススタイル）をみてみよう。

　例えば，職員会議のオンライン化，ペーパーレス化で，職員室でなく，教室や休校中の自宅から会議に出られるようにしたり，クラウド上で資料を共有したりすることで，印刷や配布の時間を短縮できている。また，汎用のクラウドツールにあるグループチャット機能を使うことで，内線電話で校内のどこにいるかわからない教師を探すこともない。テキストに加え，写真なども送ることができるため，素早く，テキストだけよりもリッチな最新の情報を共有することができる。ちょっとしたアンケートや保護者面談の日程調整も紙ではなくアンケート機能を使ったり，入力用のシートを共有して直接書き込んでもらったりすることで，紙の配布，回収や転記の時間を削減できる。週案簿を一つのファイルでシートを分けて編集することで，学年主任の週案簿を参考にしたり，他の先生の授業内容を確認して空き時間に見せてもらったりすることもできる。

　働き方改革の観点からは，「改訂版 全国の学校における働き方改革事例集」（文部科学省 2022）も Web で閲覧できるので眺めてみてほしい。さまざまな角度から業務改善を知ることができる。

　これらの取り組みは DX のはるか手前，情報のデータ化や業務の ICT 化に過ぎないが，このように，教師が，汎用のクラウドツールの便利さや楽さ，質が良くなることを体験することが大事である。この校務での業務改善の体験が，授業においても，資料をクラウドに共有しようとか，子供一人一人の意見がお互いに見えるようにチャットを活用してみよう，とか，児童生徒が

お互いに読めるように，また，教師もノートを集めずにいつでもどこでも確認できるようにクラウドに振り返りを入力してもらおう，というように授業 DX にもつながっていくのである。

　これらのことは，まずは教師が校務の情報化に取り組み，その後，学習指導の情報化を進め，今や「個別最適な学び」と「協働的な学び」が一体的に充実した授業づくりを進めている自治体の例からも明らかである。

[中尾　教子]

● **考えてみよう！**

▶「指導要録」「補正予算」「週案簿」など聞きなれない単語が出てきたかもしれない。この章に限らず，わからない言葉があったら，まず自身で調べてみよう。

▶ クラウド環境を使うことへの不安の声は一定数存在する。安全面について，紙を持ち歩くこと，USB で持ち歩くことなどと比較してみよう。

▶「整備された ICT 環境を使わなくても授業ができる」という主張に対し，環境整備の視点から活用を促す意見を考え，出し合ってみよう。

● **引用・参考文献**

国立教育政策研究所（2023）「令和 4 年度全国学力・学習状況調査　報告書【質問紙調査】」

中央教育審議会（2006）「資料 5　教員の職務について」教職員給与の在り方に関するワーキンググループ（第 8 回）　配付資料 https://www.mext.go.jp/b_menu/shingi/chukyo/chukyo3/041/siryo/attach/1417145.htm（2023.8.16 最終閲覧）

中央教育審議会（2021）「「令和の日本型学校教育」の構築を目指して（答申）」

文部科学省（2017）「小学校学習指導要領（平成 29 年告示）」

文部科学省（2020）「GIGA スクール構想の実現」

文部科学省（2020）「教育の情報化に関する手引―追補版―（令和 2 年 6 月）」

文部科学省（2021）「教育データの利活用に係る論点整理（中間まとめ）」

文部科学省（2023）「GIGA スクール構想の下での校務 DX について」

文部科学省初等中等教育局（2023）「教員勤務実態調査（令和 4 年度）の集計（速報値）について」

● COLUMN ●

 授業以外にすることいっぱい?!

　本章を読むと，教師には，授業以外にもすることがさまざまあることに気づいたかもしれない。ここに出てきただけでも，週案簿の作成，出欠の管理，成績つけ，保護者面談の日程調整……。

　筆者は以前，企業に勤めていたが，営業マンも営業だけをやっているわけではない。販売先の周辺の動向を調査し，営業計画を立て，対面やオンラインやメールや各種の手段を使って営業する。経過や結果を日報もしくは月報を書いて報告する。旅費や経費も精算するには申請しなくてはいけないし，出退勤も月度の締め登録がある。どんな職業に就いても，一つの仕事には何かしら付帯する業務があるものである。

　スピードや規模は違っても，学校も企業も，これらの業務がアナログからデジタルに，デジタルでもより快適に，と入れ換わっている。皆さんが勤める少し未来の自治体は，さまざまな校務が効率化されているだろうか。もしくはそうなってはいない可能性だってある。SNS 等でブラックな投稿を目にするかもしれないが，一方で，授業の工夫や指導技術，定時に帰る働き方など，教師という職業に前向きに挑戦している投稿もある。

　この章で紹介した，働きやすさを改善する取組みを自分から少しでも取り入れて，持続可能な学校を作り出してほしい。　　　　　　　　　　［中尾 教子］

第 II 部

指導計画や
学習指導案作成の実際

第13章

教育課程や指導計画の策定

―●　本章のねらい　●―

　教育課程や指導計画は，単元・学期・学年をまたいだ長期的な視野から，また児童および生徒や学校・地域の実態をふまえて検討することが重要である。本章では，それらを具体的にイメージしながら理解することを目的とする。

第1節　「教育課程」と具体的な「指導計画」の関係

　これまで学んできたように，教育課程は「学校教育の目的や目標を達成するために，教育の内容を児童・生徒の心身の発達に応じ，授業時数との関連において総合的に組織した各学校の教育計画」である。一方で，学習指導要領においては，教育課程のほかに，「指導計画」という言葉も出てくる。どちらも計画ではあるが，何が違うのだろうか。教育課程も，教育の計画である以上，指導計画ともいえるし，指導計画も，広い意味では教育課程といえる。学習指導要領でどのように使い分けられているかをさぐってみると，教育課程は，「教育内容（指導内容）の選択・配列・時間配当による全体的・総合的な組織体系としての計画」の意味で用いられている。それに対して，指導計画は，教育課程を分割的に見て，何をどのように指導するかという「より細かく具体的な計画」の意味で用いられている。

学校全体の教育課程→各教科等の年間指導計画→各題材・単元の指導計画
→毎時間の指導計画（学習指導案でいえば，「本時」）という順序で，計画はよ
り具体的で緻密なものになっていく。さらには，児童生徒は一人一人実態が
違うのだから，個々の児童生徒の指導計画を立てることもある。特別支援学
校などでは，特に個々の実態に違いがあるため，個別の指導計画が作られて
いる。

このように，教育課程の編成や指導計画の立案には，巨視的（マクロ）な
見方と微視的（ミクロ）な見方の両方が必要となる。

第2節　児童生徒，学校，地域の実態をふまえるということ

教育現場において，「実態をふまえる」という表現は非常によく用いられる。
当然，それが重要なことであると誰もが認識しているためなのだが，教育課
程の編成や指導計画の立案において，「実態をふまえる」とはどういうこと
を指すのだろうか。本節では，「児童生徒の実態」「地域の実態」「学校の実
態」の三つの面から考えてみよう。

1.　児童生徒の実態をふまえる

児童生徒は，一人一人が違う実態をもっている。どんなものに興味や関心
があるのか，どのような能力や特技があり，学力はどのような状態なのか，
どのような気質なのか，配慮すべき身体的な特徴はないか，家庭状況はどう
であるか，等々である。それは個人情報として守秘されなければならないが，
「その子」を育てるための効果的な指導計画を作るためには，必要な情報で
ある。しかし，教育課程が総体的な教育内容の組織体系としての計画だとし
たならば，現実的にそれを編成するためには「集団の傾向としての実態」が
ふまえられなければならない。児童生徒集団の実態に合わせて考えなければ，
効果的に作用する計画にならないからである。そもそも，教育課程編成は学
校教育目標達成のためになされるものだが，全体の傾向としての児童生徒集

155

団の実態を把握していなければ，教育目標自体を適切に定めることもできない。児童生徒集団の実態をふまえたときに，高すぎて到達できない目標でも，低すぎる目標でも，彼らは成長できないからである。それぞれの学校，それぞれの学級の児童生徒集団は，個々の実態やその関係性等が複雑に絡み合い，特有の雰囲気や集団能力の実態をつくりだす。それをふまえた目標設定や教育課程編成，指導計画立案が求められるのである。

2．地域の実態をふまえる

「地域の実態」は大きく，自然環境にかかわる実態と，人的・人為的な環境にかかわる実態とがある。地域の自然環境にかかわる実態を考えるために，北海道にある学校と，沖縄県にある学校を想像してみよう。両者は自然環境の影響で，夏季休業・冬季休業の期間も異なる。そのため，時期による授業時数の配当は異なる。北海道の学校ですばらしい教育課程編成の例があったとしても，それを沖縄県の学校でそのまま適用することはできない。北海道では図画工作科で雪を教材化でき，沖縄県では北海道の児童生徒が見たことのないさとうきびを間近で見ながら社会科の学習を関連付けることができる。雪が多い地域，暑い地域，高地，低地，海沿い，山間地など，さまざまな自然環境によって，配慮すべき気候や教材化の強みも異なってくる。それらをふまえて効果的な教育課程や指導計画を考えていくことが必要となる。

次に，地域の人的・人為的な環境である。例えば，地域住民にはどのような風習があるか，地域の子供たちにどのような願いをもっているか，そのような地域の人々の実態をふまえた教育課程や指導計画であることで，保護者はもちろん，地域の人々も学校の教育活動に協力的になるとともに，地域に根差した教育が可能となる。また，教育資源として，どのような建物や名産物があるのか，教育内容に照らして，ゲストティーチャー等を依頼できるような人材がどのくらいいるのか，地域にどのような歴史があるのか，どのような産業が栄えているのか等により，教育課程や指導計画が特色を帯びてくることになる。

3. 学校の実態をふまえる

　学校の実態は，ここまでの児童生徒の実態，地域の実態に加え，教職員の実態，学校規模の実態，設備の実態等がある。

　教職員の実態は，それぞれの専門分野・得意分野などが考えられる。例えば小学校であれば，それを生かして専科教員を配置したり，同学年の一部の教科で交換授業を行ったりするなどの指導計画が立てられる。

　また，学校の規模も教育課程や指導計画に大きく影響する。1学年で複数の学級がある学校では，効果的に教育活動ができるように，特別教室の使用等を考慮した指導計画立案が必要となる。また，小規模校では，複式学級として，第1学年と第2学年が合同で一つの学級を編成するなどのことがある。この場合，どの教科・単元・授業を分割で行い，あるいは合同で行うかなどを，教育効果が上がるように考慮して教育課程や指導計画を策定しなければならない。

　さらに，学校設備の実態もふまえねばならない。校舎や校庭の構造，設備により，子供の学習活動をさまざまに工夫することができる。プールがある学校もあれば，ない学校もある。ない学校は，校外学習として数時間まとめて水泳学習を行う計画を立てる。昨今であれば，ICT設備がどのくらい学校に普及しているかにより，指導計画も変化してくるだろう。

　ここまで，児童生徒の実態，地域の実態，学校の実態をふまえた教育課程の編成や指導計画の立案が必要であることを学んできたが，これらはすべてが密接に関係している。児童生徒の実態は，地域の実態の影響を当然うけている。学校の実態は，地域の願いや行政から影響をうけている。

　いずれにしても，公立学校は教育の機会均等を保障するものであるが，それは全国どこでも同じことを行うということではない。保障すべき資質・能力の育成を，これらの実態に合わせた形で，また生かした形で提供するということである。そのための計画が教育課程であり，具体的な指導計画なのである。

第3節　計画立案におけるマクロな視点とミクロな視点

　児童・生徒は，一人一人実態が違い，しかし集団としての傾向的な実態を
もつ。また，教育は，その時間，その単元で達成すべき目標もあれば，1年間，
小学校であれば6年間で達成すべき目標もある。このように，マクロな視点
で見たり，ミクロな視点で見たりして計画を立て，実践を積み上げることが，
効果的な教育を生み，また，効果があったのかを評価しやすくする。本節で
は，そのようなマクロな計画とミクロな計画を具体的に考えてみよう。

1. 時間軸としてのマクロな視点とミクロな視点

　例えば，小学校における第3学年国語科の1年間の指導計画を，「年間指
導計画」という。それらが第1学年から第6学年までセットになれば，6年
間の指導計画になるわけだが，当然それらは，学習指導要領の「第2章　第
1節　国語」に示されている各学年の目標及び内容を踏まえて計画される。
　児童生徒の実態をふまえつつ，第6学年で「最終的に国語科の学びを通し
て何ができるようにならなければならないのか」というゴール像が明確にな
っていなければ，それぞれの学年で「どこまでできるようになっておくべき
なのか」も明確にはならない。この指針となるのが学習指導要領ともいえる。

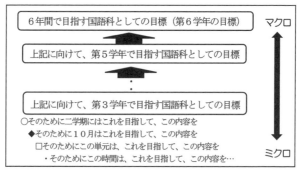

図13.1　指導計画のマクロな視点とミクロな視点の関係（小学校第3学年国語科を例に）

それをふまえると，6学年それぞれの「ゴール像」が明確になる。

　すると，例えば第3学年のゴール像に向けて，各学期でどこまで，各月でどこまで，各単元でどこまで，各時間でどこまで，とミクロに計画ができる。マクロな見通しなしに，その時間だけのミクロな目標や計画だけを見る視点では，効果的な「つなぎ」ができず教育効果は上がらない。「木を見て森を見ず」ではよい計画はできない。一方で，マクロな視点ばかりで，今，この時間を達成できなければ，積み上げができない。「千里の道も一歩から」である。

2. 教育内容軸としてのマクロな視点とミクロな視点

　時間軸で見ると，**図13.1**のようになるが，例えば国語科の中には，「話すこと・聞くこと」「書くこと」「読むこと」などの内容領域がある。さらに，目標が関連する他教科等や，内容が関連する他教科等も存在する。そのような内容軸でも，関連を考えるマクロな視点と，その内容のその時間だからこそというミクロな視点での計画が必要である。これは，前章の「教科・領域の横断と教育内容」にも深くかかわることである。

　一方で，経験主義的な立場としては，さまざまなことを教師が定めた目標から逆算したり，すべてを計画的に関連させたりするのではなく，児童生徒の主体性を考えるならば，児童生徒の問題意識に寄り添う中で計画が柔軟に

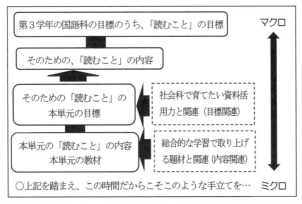

図13.2　教育内容軸のマクロな視点とミクロな視点の関係（第3学年国語科を例に）

構築されていくべきだという考え方もある。これは，どちらが正しいということではなく，第10章でも述べた教育観の違いによるところが大きい。しかし，現在の文部科学省が示す学習指導要領に則るとともに，時数の制限の中で目標を達成することが満たされなければならないのであれば，目指すゴールに向かって効果的な教育課程の編成を行い，指導計画を立案しなければ，実現は難しいと言わざるを得ない。その範囲内で児童生徒が興味・関心をもって学びに向かえるような工夫を考えていく努力をしていくしかない。この教育観の違いによるそれぞれの編成のあり方や効果については，その折衷も含め，今後も教育学の実践的研究課題の一つとなるだろう。

3. 教育対象である児童生徒のマクロな視点とミクロな視点

　学校全体の児童生徒を対象として総合的・組織体系的に計画したものが教育課程だとしたら，各学年→各学級→一人一人の児童生徒と具体的になっていくものが指導計画であることは先に言及した。これは，**図13.3**のような関係になるということである。

　児童は，各学年によって実態が違うだけでなく，同じ学年でも学級によって実態が違う。よって，最終的には，各学級の子供の実態を捉えて，学級担任や教科担任が授業の計画を立てることになる。現実問題として，毎時間，学習指導案を作成するなどということは不可能である。しかし，それは紙面

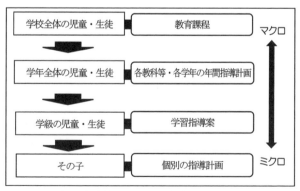

図13.3　児童・生徒軸のマクロな視点とミクロな視点の関係

として細密な案を作成しないということであって，無計画で授業を行うということではない。その単元やその時間の目標は何か，そのためにどのような手立てをとるかということを構想している点では，教師は毎日，毎時間指導計画を立てているし，立てなければならない。

第4節　「実態」と「系統」をふまえた指導計画の実際

　では，前節のようなマクロやミクロの視点で「実態」と教育内容の「系統」を踏まえた指導計画の実際を見てみよう。ここでは，それらが凝縮して表現されるものとして，学習指導案を挙げる。学習指導案は，学級における教科等の単元および1時間の指導計画である。教育課程の一部を詳細に示した指導計画といえる。以下は，筆者が第5学年の算数科を例に作成したものである。

第5学年1組　算数科学習指導案

1　単元　小数でわるわり算

2　指導観
○　本学級の児童は，小数÷整数の学習後，「小数÷小数とかの計算もあるんですよね。」「いつやるのかな。」と話すなど，除数が小数の除法もあることを感覚的にとらえており，それを学習するのではないかということに関心を示している児童が多い。同時に，「『1.8でわる』とかがもしあったら，それってどういうことなの。」と話すなど，除数が小数である除法の意味について問いを抱いている様子の子どもも見られる。①
　　能力の実態として，全員が整数÷整数，小数÷整数の計算処理ができる。しかし，小数÷整数の意味については，説明できるまでの理解が十分でない子どもも多く，事前の指導が必要である。算数科の学び方や表現力については，話を聞いて考え方を理解しようとする態度のある子どもが多い。しかし，数学的な課題を見出し，自分で考えをつくったり，それを友達と出し合ったりして新たな価値を見出していくという問題解決的な学び方が十分身についておらず，4月，5月でそのような学び方に慣れてきている状態である。また，言葉や式，図などを使って表現する力が身についておらず，継続した指導と

評価が必要である。②
○　児童はこれまでに，小数の加減法，小数の乗法の意味や仕方について学ん
　できている。また，除数が整数である場合の除法の意味や計算の仕方，除法
　に関して成り立つ性質（除数および被除数に同じ数をかけても，同じ数で割
　っても商は変わらない）についても，整数についてのみ学んできている。③
　ここでは，それらの既習事項を生かして，整数÷小数や小数÷小数の計算の
　意味や仕方を考え，それらの計算ができること，また，余りの大きさを理解
　すること，さらに，小数の除法についても，整数の場合と同じ関係や法則が
　成り立つことを理解していく。④この学習は，第6学年の「乗数や除数が分
　数の乗法及び除法」の意味を理解したり，その計算の仕方を考えたりする学
　習へとつながっていく。⑤
○　本単元は，前述のような実態の児童に，次のような手立てをとる。
　(1) 課題づくりのために　…略…
　(2) 問題解決のための数学的な考え方を引き出すために　…略…
　(3) 本単元の内容価値の定着のために　…略…

3　単元の目標
〈知識及び技能〉
○「除数が小数である除法」について，わり切れるまでわり進む除法，ある位
　までの概数で商を表す除法，ある位まで商を求め，あまりを出す除法のそれ
　ぞれを，場合に応じて的確に用い，計算できるようになる。
○「除数が小数である除法」の意味やその仕方を理解できる。
○　被除数と商の大小関係のきまりを理解できる。
〈思考力・判断力・表現力等〉
○「除数が小数である除法」の意味やその仕方について，除数が整数の除法の
　仕方など，既習事項を生かして考えたり，その考えを言葉や式，数直線など
　を使って根拠を明らかにしながら説明したりすることができるようになる。
〈学びに向かう力・人間性〉
○「除数が小数である除法」が適用される場面やその仕方に関心をもち，意欲
　的に処理の仕方を考えたり，活用して処理したりするとともに，それを進ん
　で生活に生かそうとする態度をもつ。

　これは，単元全体計画を記述する前の「指導観」及び「単元の目標」の記
述部分である。下線①は，第5学年1組の児童の「興味・関心の実態」を述
べている。「小数でわるわり算」の学習内容に対して，事前にどのような興

味なり関心を抱いているのかを把握している。下線②が,「能力の実態」である。ここでは, 本単元の内容に系統的につながるこれまでの学習内容についての定着の具合と, 算数科の学習技能（学び方）の実態を述べている。続いて, ③は, 本単元につながるこれまでの学習内容, ④はそれを受けての本単元のねらいおよび学習内容, ⑤はそれを受けて今後どのように発展した学習をすることになるのか, という全体を見通したマクロな視点で分析をしている。これらの「実態」および「系統」を踏まえて本単元のねらいを焦点化し, 達成すべき単元の目標を観点別に明確にしたり, 単元全体における具体的な手立てを構想したりしている。そのうえで単元指導計画を例えば以下のように具体化する。

4　単元指導計画（総時間数10時間）

主な活動	主な手立て	評価の観点と規準
1　リボン1mの値段を知る必要がある場面から課題を見出し, 本単元を設定する。（1時間）	○　除数が小数の場合でも除法の立式が成り立つことやその意味をとらえられるように, 2m, 3mなど, 整数の場合で立式する活動を行い, そこから2.4mではどうなるかを類推する活動を設定する。 ○　課題を見出すことができるように, 何が困るのかを問い, 除数が小数であるために計算ができないという困り感を浮き彫りにする。	○　除数が小数である場合でも除法の立式が成り立つことや, その意味を理解している。（知・技） ○　除数が小数の計算の仕方に関心をもち, その仕方を明らかにしてできるようになりたいという意欲を高めている。（態度）
「わる数が小数」のわり算の仕方を考えて明らかにし, できるようになろう。		
2　除数が小数のわり算の仕方を考える。（6時間） (1)（整数）÷（小数）の計算の仕方を考える。①	○　…略… ←次項で取り上げる1時間（本時）	○　…略…
(2)（小数）÷（小数）の計算の仕方を考える。①	○　目をつけるべきは除数だけで, 前時と同様に考えればよいことに気づけるように,「除数・被除数を10倍して　…略…	○　前時の考え方から類推して立式できるとともに, 同様の考え方で計算の方法に気づいている。（思）

続いて，単元指導計画の中でさらに焦点化した，ある1時間の指導計画を見てみよう。単元計画の第2時の学習である。

5　本時

(1) ねらい

（整数）÷（小数）の計算の仕方を考える活動を通して，（整数）÷（整数）の仕方やわり算の性質などの既習事項をもとに，根拠を明らかにしながら自分の考えを表現できるようにするとともに，「被除数と除数に同じ数をかけて，除数を整数にすればよい」という方法を見つけ出し，理解できるようにする。

(2) 準備　　数直線等作成用紙（子ども配付用），ミニホワイトボード

(3) 展開

	学習活動と子どもの意識	指導上の留意点と評価規準
導	1　前時までを想起し，本時のめあてと見通しをつくる。	○　課題を明確にしてめあてをつくることができるように，前時…略…
入	(問) 2.4mで96円のリボンがあります。1mでは，いくらになりますか。	
	(1) 課題点を明確にし，めあてをつくる。	
	「わる数が整数ならできる」ことを生かして（整数）÷（小数）の仕方を考えよう。	
8	(2) 見通しをもつ。	
	結果の見通し　赤・青のリボンと比べて考えると，およそ40円くらいになりそう。	
分	方法の見通し ○　子どもの発言から次の三つの見通しを明らかにしていくが，見通しがもてそうにない場合，また，いずれかの見通しが発言として出てこない場合は，表記した手立てをとる。⑥ A「0.1mではいくらか」を考えてあとから1mにすれば，わる数が整数でできそう。←（出てこないとき）0.1mずつで区切りをつけた数直線を提示し，いくつに分かれているかを問う。 B　2.4mが24mだったらと考えると，わる数を整数として考えられそう。←（出てこないとき）2.4が何だったら解けるかを問い，そのときの値段を考えることを示唆する。 C　4年生で学んだわり算の性質を使って，われる数とわる数に同じ数をかければ，わる数を整数にできそう。2.4が何なら解けるかを問い，そのときわられる数はどうなるか，わり算の性質を生かせないかを示唆する。	
…後略	○　難しいと感じている児童は，この後の一人学びの時間で考えをつくる足がかりにできるように，まずは三つのうちのいずれかの方法を選択することを促す。⑦　　　　…後略…	

　1 時間の指導計画になると，その学習をする段階での学級の児童の実態が
よくふまえられたものとして，効果的な教材や教具，手立てを明確に構想で
きる。下線部⑥や⑦のように，授業の中で戸惑う可能性のある児童への支援
までを計画に入れると，より個別的な対応まで含まれた指導計画となるだろう。
　先述のように，ここまで綿密な計画を立て，それを文章化するようなこと
は，研究授業などでもない限り行わないし，行う余裕はない。しかし，たと
え略案であっても，あるいは紙面に起こさなくとも，さまざまな実態をふま
え，マクロな展望から逆算した目の前のミクロな目標を達成するための指導
計画を常に描きながら，教育活動は進められなければならない。

［大村龍太郎］

● 考えてみよう！

▶ 自身の通っていた学校の実態や児童生徒の実態，地域の実態はどのような
ものか考えて，それぞれを整理してみよう。

▶ 児童生徒，地域や学校の実態をふまえて教育課程を編成したり指導計画を
立てたりしている学校を調べ，その特徴を整理してみよう。

▶ 特定の教科等の特定の単元を取り上げ，それを単元・学期・学年をまたい
だ長期的な視野で見たとき，それはこれまでの学習内容の何が土台となっ
ていて，今後，発展してどのような内容になるのかを調べて，つなげて図
等で表現してみよう。

● 引用・参考文献

田中耕治編（2009）『よくわかる教育課程』ミネルヴァ書房
日本カリキュラム学会編（2001）『現代カリキュラム事典』ぎょうせい
文部科学省（2017）「小学校学習指導要領（平成 29 年告示）」

※ 本章は高橋編（2019）の第 14 章を再掲したものである。

第14章

学習指導案の作成

<hr>

● 本章のねらい ●

　学習指導案は「教育の方法と技術」にかかわらず，さまざまな授業で作成する機会がある。しかし，「どうやって作ったらいいかわからない」と耳にすることが多い。そこで，本章では学習指導案の作成，とりわけ作成する前の準備段階に着目した。教科書や指導書を参考にしたり，学習環境や児童生徒の実態，学習規律や学び方の習得の状況をふまえたりして，学習指導案を構想したり，作成した学習指導案の改善について学んでいく。

第1節　学習指導案を作成する前に

1．教科書を分析する，指導書を参考にする

　授業設計する前には，ぜひ教科書や指導書を参考にしたい。教科書や指導書は，これまで教科について深く研究してきた研究者や，誰よりも教材研究と失敗を重ね，よりよい授業実践をしようと挑戦してきた教師たちが執筆者に名を連ねている。また，多くの教科書を手がけてきた教科書会社の担当者が編集，校正を行い，そのうえで文部科学省による教科書検定を経て，ようやく教科書は完成する。教科書検定に合格しているということは，学習指導要領にきちんと対応した教科書という証である。

　そこで，まず授業設計を始める前に教科書を分析したい。授業をする単元

は何時間で構成されているか。挿絵にはどんなものが使われていて，それにはどんな意味や意図があるのか。写真のどこを何枚使われているか。どの写真を使って発問をするか。どの順番で教科書を示していくか。文章は何分で読めるか。担任する児童生徒たちは，教科書のどこでわからなくなりそうか。このように教科書を分析することを通して，授業の展開を考えたり，児童生徒の顔を想像したりしたい。

　また，指導書も参考にしたい。そのうえで，児童生徒の実態や学習環境等に応じて，指導書の内容と少しだけ変更して指導案を作ってもよい。指導書を見ることで「オリジナリティがない」「考えていない」というような厳しい意見もある。教育実習生や若い教師は，まずはその「型」をよく理解したうえで，授業を実践し，その「型」を通して成長していく中で，教師の個性が光った授業を創造していきたい。

2.　学習環境を確認する，児童生徒の実態を把握する

　学校や学級の特徴，児童生徒一人一人の特徴，教室環境や教材教具，ICT機器の整備状況，教師自身の力量など，前提となる条件はさまざまである。児童生徒の実態を含む学習環境をチェックし，実現可能性を探る必要がある。ICTを活用する場合には，その操作をチェックしたり，操作ができるようになっていたりする必要がある。この確認は，授業をスタートさせる前，できれば授業設計をする前に児童生徒の実態や学習環境を確認したい。

　また，レディネステストなどで授業までの児童生徒の前提となる知識を確認したり，これから取り組む学習内容に対する意識などを書かせたりして，児童生徒の学習内容に関連する知識や意欲，意識を知ることから始めたい。同じグループの児童生徒との関係性は良好か，児童生徒一人一人の最近の生活の様子はどうか，なども意識したい。

3.　授業の「型」や学習過程を意識する

　授業の「型」は，多くの学習指導案に見られる「導入・展開・まとめ」がある。「導入」では，前時までの学習を振り返ったり，引きつける教材によ

表14.1　国語科「話すこと・聞くこと・話し合うこと」の学習過程

話すこと	聞くこと	話し合うこと
1. 話題の設定	1. 話題の設定	1. 話題の設定
2. 情報の収集	2. 情報の収集	2. 情報の収集
3. 内容の検討	3. 構造と内容の把握	3. 内容の検討
4. 構成の検討	4. 精査・解釈	4. 話合いの進め方の検討
5. 考えの形成	5. 考えの形成	5. 考えの形成
6. 表現	6. 共有	6. 共有
7. 共有		

って児童生徒の意欲を喚起させたりする。「展開」では，主発問から本時の目標に迫る学習活動に取り組む。「まとめ」では，1時間の授業をまとめたり振り返ったりするとともに，次時の学習予定の予告をする。

　他には，例えば市川伸一（2008）の「教えて考えさせる授業」がある。「教える段階」には，予習をしたうえで，①教師からの学習の方針や前提条件に関する説明がある。また，「考えさせる段階」には，②理解確認，③理解深化，④自己評価というプロセスで授業を設計する。

　総合的な学習の時間（文部科学省 2010）の「探究的な活動」は，①課題の設定，②情報の収集，③整理・分析，④まとめ・表現のプロセスで単元を進めていく（第10章図10.3参照）。このような学習過程も「型」の一つと捉えることができる。小学校学習指導要領（平成29年告示）では，教科や単元で学習過程が示されている。例えば，「話すこと・聞くこと・話し合うこと」の学習過程は表14.1のように示されている。同じく「読むこと」や「書くこと」でも学習過程が示されている。他の教科でも学習過程を示している領域がある。この学習過程が各教科の見方・考え方に寄与する学習プロセスであることを示していると捉えることができるだろう。授業設計を行う教科や単元，その目標をふまえて，授業の型や学習過程を設定していきたい。

4. 学習規律と学び方（学習スキル）の習得状況を確認する

　教育実習では，学級担任の学級経営によって児童生徒が動き，発言し，活動をしていることに気がついただろうか。例えば，教育実習生が発言を促す

と児童生徒が発言したり，「コンパスを使います」と指示すると児童生徒が
コンパスを上手に使えたりする。こうした事象は，学級担任がこれまで児童
生徒に発言の仕方や学び方 (学習スキル) を繰り返し指導してきた成果である。
決してあなた本人の実力だけではない。このように授業設計は，学習指導案
の作成のみではなく，学習規律や学び方 (学習スキル) に支えられている。授
業実践に取り組む学級はどんな学習規律があり，どの程度定着しているか，
学び方 (学習スキル) はどのくらい定着しているかを確認しよう。

(1) 学習規律

　学習規律は，「授業の約束」と「生活の約束」などに分けられることがあ
る (岡山県教育委員会 2013)。「授業の約束」では，①授業の準備の仕方，②
挨拶の仕方，③学習中の机上，④話し方や聞き方などがある。「生活の約束」
では，①登校時に取り組むこと，②時間を守ること，③掃除の仕方・整理整
頓の仕方，④学級での過ごし方，など多岐にわたる。
　学校によっては，全校で学習規律を統一している (堀田監修，春日井市立出
川小学校 2015)。学校全体で統一することで，①学級担任が出張したり，休
暇を取得したりした際に，他の教員が学級に入っても指導を変えないで済む。
②クラス替えで担任が替わっても，4 月のスタートを学習規律に時間を割か
ずにスムーズに移行ができる，などがある。

(2) 学び方 (学習スキル) の習得

　学び方 (学習スキル) は，学習活動を進めていく際に必要な学習方法の習得
を指す。例えば，①教科毎のノートの使い方・書き方，②ものさし・コンパ
ス・三角定規等の教具の使い方，③学校によっては話し方聞き方，発表やプ
レゼンの仕方も学び方 (学習スキル) に入れている。教師の板書スピードと同
じスピードでノートを書けるかどうかも重要な学習スキルとなる。最近では
④タブレット端末の導入が進んでいることから，キーボード入力やソフトウ
ェアの使い方も学び方と呼ぶ場合がある。また，⑤思考ツールの活用なども
考えられる。他にも学び方 (学習スキル) は多岐にわたる。学び方を習得して

いるかどうかで，授業の進度に違いが出てくるだろう。

第2節　授業をデザインする

　斎藤喜博 (1969) は，授業は「教材がもっている本質」と「教師が願っているもの」と「児童生徒たちの思考・感じ方・考え方」との「3つの緊張関係の中に成立する」と述べている。つまり，教師が児童生徒へ一方的に教えるような授業ではなく，「教師と児童生徒」「児童生徒と児童生徒」「教師と教材」「児童生徒と教材」の間に葛藤が生じるような「緊張関係」をもつ授業をデザインしていきたい。

　学習指導案は，1時間あるいは単元の学習指導をどのように実施するかを記述した学習の設計図である。ねらいや手順だけでなく，児童生徒の反応や教師の支援などを詳細に記述する。記述には児童生徒一人一人の実態の分析が必要で，学習指導案そのものが教師の力量を示すともいわれる。

1. 学習のスタートとゴールを確認する

　教科書を分析したり，指導書を確認したりしながら，学習のスタートとゴールを確認する。根本淳子・鈴木克明 (2018) は，授業設計の前に，教師は学習のスタートとゴールを確認する必要があると述べている。教師がどんなに授業を工夫しても，授業をする相手にあった学習内容でなければ，その工夫は伝わらない。

　例えば，5年生の社会の学習内容は，4年生までに自分の住んでいる都道府県の特徴を理解したり，日本には47都道府県があり，どこに何があるかくらいは習得したりしていなければ理解が浅くなる。米作りの単元 (農業) で庄内平野を取り扱った場合，庄内平野が山形県であることを習得していなければ，理解は深まらなかったり，あるいは予定通りに授業は進まなかったりすることが予想できる。つまり，5年生として学ぶために，その前提となる知識があり，この前提によってスタートが設定できる。

表14.2　出入り口分析シート

教科・単元名	
学年	
単元目標	
入口（前提）	
本時の目標	
本時の活動	
本時の評価方法	

（出所）根本・鈴木（2018：48）

　そして単元終了後に，単元前に比べて児童生徒にはどんな能力が向上し，何がわかっていて，何ができるようなっていればよいか（目標），そのためにどんな教育方法で学習を展開するかを整理しておくことが大切である。教師はゴールを理解したうえで，授業がスタートするとき，児童生徒にゴールを示していなければならない。**表14.2**は授業のスタートとゴールを確認するための「出入り口分析シート」である（根本・鈴木 2018）。授業の対象者は誰なのか，学習目標は何かを確認し，そのうえで評価方法は学習目標とどのように対応しているかを確認したい。

2.　授業の構成を確認する

　教師は，授業で学習目標に向かって，より意図的に，より体系的な指導を行っていくことが重要である。授業で，新しい知識や技能を習得することを支援するための枠組みを整理したものに，ロバート・ガニェ（Robert M. Gagne）が示した「9教授事象」がある（根本・鈴木 2018）。9教授事象はガニェが認知心理学の情報処理モデルに依拠して1970年代に提唱したものである。
　表14.3の授業構成検討シートには9つの事象が入るように授業を組み立

171

表14.3 授業構成検討シート

導入	事象1	学習者の注意を喚起する
	事象2	学習目標を知らせる
	事象3	前提条件を確認する
展開	情報提示 事象4	新しい事項を提示する
	情報提示 事象5	学習の指針を与える
	学習活動 事象6	練習の機会を設ける
	学習活動 事象7	フィードバックをする
まとめ	事象8	学習の成果を評価する
	事象9	保持と転移を高める

(出所) 根本・鈴木 (2018：51)

てると，児童生徒の学習を支援するために必要な学習活動が漏れることを防ぐことができる。また，学習過程である「導入」「展開」「まとめ」に対応させて整理していくと，学習支援のプロセスでそれぞれの役割がわかるようになっている（根本・鈴木 2018）。出入り口分析シートのあとに，授業構成検討シートで授業構成を検討したうえで学習指導案の作成に入っていきたい。

3. 学習指導案の作成と手順

いよいよ学習指導案を作成する。学習指導案の形式は地方自治体や学校によって多少は異なるが作成の手順は，おおむね**表14.4**のように作成する。

学習活動を考えていくためには，実験や観察，調べ学習，体験的な活動などの学習活動から発想する。児童生徒の興味を喚起させる導入の工夫，課題

表14.4　学習指導案の作成の手順

①学習指導要領の内容を確認し，単元（題材・主題）目標と学習内容を確認する。
②単元（題材・主題）構成を考える。
③単元（題材・主題）の指導計画と評価計画の立案をする。
④本時の目標を確認する。
⑤指導内容の焦点化・授業の山場を想定する。
⑥児童生徒の実態を想起し，どこで何を考えさせるかなど授業構成をイメージする。
⑦評価と支援の方法を考える。
⑧発問計画，板書計画を考える。

設定の方法，学習方法（調べ学習，課題解決学習，グループによる話し合いなど），教材・教具・資料の準備，これらを提示したり，配布したりする時間や方法などを検討する。

　また，学習課題や本時のめあての提示，課題解決の方法の検討，実施，まとめなどから学習過程に沿って学習指導案を作成する。さらに，授業のねらいや内容，学習活動のねらいに応じて学習形態（一斉学習やグループ学習，ペア学習，個別学習など）を設定する。

　図14.1 は東京都教職員研修センター（2018）による学習指導案のフォーマットとその解説である。他の教育委員会からも多くの見本が示されている。2017（平成29）年告示の学習指導要領では評価の観点が3観点（「知識及び技能」「思考力・判断力・表現力等」「主体的に学習に取り組む態度」）に改訂された。したがって，今後の評価欄については図14.1 の3のような4観点（「関心・意欲・態度」「思考・判断・表現」「技能」「知識・理解」）ではなく，この3観点に従って記述したい。

第3節　学習指導案をよりよくするために

学習指導案をもとに児童生徒との関わりを通して授業を展開する。教師の

小学校・中学校・高等学校等の例	○　○　○　科　学　習　指　導　案

日　　時　平成○年○月○日（　）
第○校時　00:00～00:00
対　　象　第○学年○組　○名
学 校 名　○○○○学校
授業者職　氏名
会　　場　○階○○教室

・タイトルはＭＳゴシック体、本文はＭＳ
　明朝体で記入する。
・文字の大きさは 10.5 ポイントとする。

1　単元（題材）名（科目名、教科書、副教材等）

2　単元（題材）の目標

・学習指導要領に基づき、児童・生徒に身に付けさせたい力を具体的に記述する。
・「～する」、「～することができる」など、児童・生徒の立場で記述する。
・高等学校については、自校の「学力スタンダード」、「技能スタンダード」に基づき記入する。

3　単元（題材）の評価規準

ア　関心・意欲・態度	イ　思考・判断・表現	ウ　技能	エ　知識・理解
①○○○について興味をもち、それを意欲的に調べようとしている。②○○を考えようとしている。	①○○○について、学習問題や予想、学習計画を考え表現している。②○○○を比較して△△を考え適切に表現している。	①□□して、○○について必要な情報を集め読み取っている。②調べたことを◇◇にまとめている。	①○○○について○○○を理解している。②△△△について○○○を身に付けている。

・「単元（題材）の目標」を基に「おおむね満足できる」状況を観点別に具体的な児童・生徒の姿として示す。
・観点は、校種・教科によって異なっていることに留意する。（例　小学校理科の観点は、「ア　自然現象への関心・意欲・態度」、「イ　科学的な思考・表現」、「ウ　観察・実験の技能」、「エ　自然現象についての知識・理解」の4観点で評価する。中学校外国語の観点は、「ア　コミュニケーションへの関心・意欲・態度」、「イ　外国語表現の能力」、「ウ　外国語理解の能力」、「エ　言語文化についての知識・理解」の4観点で評価する。）
※参考資料「小学校、中学校、高等学校及び特別支援学校等における児童生徒の学習評価及び指導要録の改善等について（通知）」
　　　　　　　　　　　　　　　　　　　　　　　　　　　　　　　　　　　　（平成22年5月　文部科学省）
　　　「評価規準の作成、評価方法等の工夫改善のための参考資料」
　　　　　　　　　　　　（小学校・中学校：平成23年11月、高等学校：平成24年7月　国立教育政策研究所）
　　　「適正で信頼される評価の推進に向けて」（平成24年3月　東京都教育庁指導部）

4　指導観

（1）単元（題材）観

・学習指導要領における位置付けについて記述する。また、高等学校については自校の学力スタンダード・技能スタンダードとの関連について記述する。
・重点を置く指導事項等について、記述する。
・「カリキュラム・マネジメント」の視点から教科等間の関連（教科等横断的視点）を記載する。

（2）児童・生徒観

・本単元（題材）の学習内容に関する基礎的な既習事項の定着状況について記述する。
・学習上の課題等について記述する。

（3）教　材　観

・単に使用する教材の工夫を記述するのではなく、単元（題材）観や児童・生徒観との関連に触れながら、使用する教材についての考え方を記述する。
・授業で扱う資料や、各種教材・教具、地域の人材、学習環境などをどのように活用するかを明確にする。

5　年間指導計画における位置付け

・本単元（題材）の学習内容に関連すると考えられる前後の学習内容を記述する。高等学校は「学力スタンダード」、「技能スタンダード」を踏まえて記載する。

・1単位時間の中で、1～2項目の評価となるよう焦点化する。
・観点を中心とした授業中の評価と、ノートやワークシート、作品等の評価を適切に組み合わせて行う。

6　単元（題材）の指導計画と評価計画（○時間扱い）

時	目標	学習内容・学習活動	評価規準（評価方法）
第1時			・アー①（調べたり発表したりする様子の観察）
第◆時（本時）			・ウー①（ノート記述の内容の観察）

図14.1　学習指導案　小学校・中学校・高等学校等の例（東京都教職員研修センター 2018）

7　指導に当たって

- 授業力の6要素（「使命感、熱意、感性」、「児童・生徒理解」、「統率力」、「指導技術（授業展開）」、「教材解釈、教材開発」、「『指導と評価の計画』の作成・改善」）等に基づいて、工夫・改善したこと等を記述する。
（例）　授業形態の工夫（一斉指導と個別指導、少人数指導、グループ学習、ティームティーチング等）
　　　　指導方法の工夫（示範、板書、発問、「主体的・対話的で深い学び」の実現、体験的学習等）

8　本　時（全○時間中の第◆時）

(1) 本時の目標

- 本時において児童・生徒にどのような力を身に付けさせるのかを記述する。
- 「～する」、「～することができる」など、児童・生徒の立場で記述する。

(2) 本時の展開

時間	○学習内容　・学習活動	指導上の留意点・配慮事項	評価規準（評価方法）
導入 ○分	・既習事項を確認し、本時の目標を把握する。 ・学習の進め方を知り、学習の見通しをもつ。	・板書で目標を明示する。 ・○○を示して○○○について課題意識をもたせる。	
展開 ○分	・学習活動の流れと学習する内容が明確になるように記述する。 ・主発問と予想される児童・生徒の答え、補助発問等を記載する。 ・「主体的・対話的で深い学び」の実現を図る。 《○「学習内容」の記述例》 ○地図を見て、学校の周りの様子と市街地の様子を比べて、違いや共通点に気付く。 ○□□□の性質を理解する。 《・「学習活動」の記述例》 ・△△の変化について、実験結果を確認する。 ・○○について気付いたことを意見交換する。 ・意見交換を基に、自分の考えをまとめる。	・本時の目標を達成するための具体的な指導や工夫等について記述する。 ・児童・生徒が課題を達成するための指導の工夫・改善等について具体的に記述する。 ・教師の指示や説明の目的も記述する。 ・授業中の評価で評価規準に達していない児童・生徒に対する更なる留意点を具体的に記述する。 ・学習内容によって、安全や健康面への配慮や個別の対応が必要とする場合に記述する。 ・TT等の複数の教員が関わる授業では、それぞれの教員の役割を明確にして記述する。 《「指導上の留意点・配慮事項」の記述例》 ・△△について、観察の様子と関連付けて考えさせるようにする。 ・○○の視点、□□の方法で意見交換を行うよう、助言する。 ・まとめたことを、学習のねらいに即して価値付ける。	・本時で身に付けさせたい力を、どの学習活動のどのような児童・生徒の姿から把握するのか、展開の中で位置付ける。 ・効果的・効率的な評価のために評価規準を明確に記述する。 ・具体的な評価をする際のポイントや手だてを記載してもよい。 《記述例》 ウー① ・○○について資料を収集し、○○して必要な情報を読み取ったり、まとめたりしている。 （ノート記述の内容）
まとめ ○分	・本時の学習について振り返る。 ・次時の学習について見通しをもつ。	・本時の目標の達成に向けた実現状況を確認する。 ・次時の学習への見通しをもたせる。	

(3) 板書計画

- 1単位時間の学習の流れが分かるように、内容を整理して記述する。
- 単元（題材）名、本時の目標等を記述する。
- 視覚的な提示を工夫する。

《評価方法の具体例》
- ・ノート、ワークシート、板書等の記述
- ・授業中の発言の観察（教師の発問に対する応答、挙手による発言、話合い活動等）
- ・課題に対する実際の活動の内容（（例）理科：実験に取り組む様子、体育：運動に取り組む様子）等の観察
- ・学習活動に即した具体的な評価規準は「3　単元（題材）の評価規準」の内容を記述する。

(4) 授業観察の視点

- 授業改善に向けて、観察してほしい点や、協議してほしい点を記述する。
（記述例）
＜目標＞　　本時の指導に指導観が生かされていたか。
　　　　　　教科等の目標、単元（題材）の目標、本時の目標のそれぞれに一貫性をもたせていたか。
＜展開＞　　本時の目標を達成するための学習活動となっていたか。
　　　　　　「主体的・対話的で深い学び」の実現が図られていたか。
　　　　　　時間の配分は適切であったか。
＜学習活動、指導上の留意点＞
　　　　　　児童・生徒の興味・関心を高める導入の工夫があったか。
　　　　　　分かりやすい効果的な発問、整理された板書、計画的な資料提示の工夫等がされていたか。
　　　　　　特別支援教育の視点より、特別な配慮を要する児童・生徒に応じた指導を行っていたか。
＜評価＞　　本時の目標と評価項目と学習内容が一致していたか。
　　　　　　評価項目や評価方法は適切であったか。

意図は，主として音声言語（質問・発問・指示・説明）や文字言語（板書），ICT などの教授メディアを通して児童生徒に伝えられる（堀田・佐藤 2018）。これらのポイントをふまえて，学習指導案をより良くしていきたい。

1. 質問・発問・指示・説明

　質問は，発問をする前の学習の前提条件を整える機能がある。質問は具体的でわかりやすく，言い換えや繰り返しを必要としない確認事項である。

　発問は，児童生徒に学習課題を思考させ，理解を深める。発問は，学習目標との関係で決定する。発問は一問多答で，児童生徒の考え方を導き出し，学習目標を達成するための思考を促す。

　指示は，児童生徒の学習活動を促す。同時に二つのことを指示せず，ひとつの活動が終了したことを確認して次の指示をする。佐藤正寿（2010）は指示の原則と児童生徒の行動への働きかけについて，①「短くはっきりと」が基本，②目安やイメージがわくものを入れる，③「小さな声の指示」で集中させる，④約束や指示，ジェスチャーを入れる，⑤指示した後の活動をほめ言葉で評価する，の5つを示している。

　説明は，児童生徒に学習の課題や活動を理解させる役割がある。児童生徒の実態，興味・関心等に説明のレベルを合わせる。児童生徒の表情や反応を観察して，説明内容が伝わっているかを確認して，確実に理解されるよう心がける。藤本勇二（2012）は説明について，①表情や強調した身ぶり手ぶりを使用する，②重要な点を指し示すように黒板を使用する，③短く簡単な文章を使う（1文1情報），④間合いや話す速度を適宜変化させる，⑤教師が話す表現や用語などの言葉とその内容を児童生徒のレベルに合わせる，⑥聞きとれてかつ学習のねらいに沿った説明をする，⑦児童生徒に考えてほしいポイントを明確に伝える，の7つを示している。

2. 板書

　板書は，授業時間の経過と授業コミュニケーションが進むにつれ，学習者の思考ペースに合わせて順次付け加えられていく教授メディアである（堀田・

佐藤 2018）。板書はその時間の学習指導案を可視化したものになるよう構成する。授業後に板書を見たときに授業展開がわかるように書く。板書は，子供の言語環境を整え，児童生徒の思考を促したり理解を深めたりする。板書は計画的で構造的であること，視覚に訴えること，児童生徒の黒板の見え方を考慮する。板書は事前に計画的で構造的な構想を練っておく。できれば一度簡単に練習しておく。視覚に訴えるには，色覚的なバリアフリーを配慮しつつ，色チョークや図，写真など，児童生徒が考えたり理解したりしやすいよう工夫する。字は握りこぶし一つ分程度の大きさで書く（釼持 2014）。

3.　ICT 活用による教材の提示

　ICT 活用による教材の提示では，大型提示装置（電子黒板や液晶プロジェクタなど）と実物投影機や PC 等の組み合わせによって，授業をよりよく改善していくことを目的としている。ICT 活用では，実物や手元での実演，教科書，ノート紙面などを拡大してわかりやすく示す。教室のどこからでもよく見えるように示すことが基本である。ICT を活用しても小さく提示されたら，活用しても授業はかえってわかりにくくなる。この基本をふまえたうえで，学校放送番組やデジタル教科書等に収録されている動画教材の再生やシミュレーションなどを学習活動に応じて活用したい。その際，板書とICT の役割を明確にしておきたい。必ず示しておかなければいけない情報は板書で，流動的で一時的に示す情報は ICT で，という分け方が一般的である。

4.　ノート指導

　学習したことを記録し，整理し考えることで，自ら学ぶ意欲を高めることができる。ノートの書き方を工夫することで考えを整理し，復習の資料として活用する。藤本（2012）はノート指導について，①鉛筆の持ち方や書くときの姿勢について指導する，②学習した日付や学習内容がわかるように見出し等をつけさせる，③板書内容を理解しながらノートに書く技能を身に付けさせる，④教師が板書するスピードで書けるよう繰り返し指導する，⑤自分

や友達の考え，教師の言葉を付け加えてノートに書く，⑥実物投影機で書き方を示し，ノートの書き方を指導する，の6点について示している。

第4節　学習指導案のクラウド化と教師の学び

　クラウドによって教員の働き方が変わってきた学校は，同時に教員の学び方も変わってくる。**図14.2** は，研究授業の学習指導案を Google スプレッドシートで整理したうえで，各学級の学習指導案を Google ドキュメントや Google スライドで公開している例である（静岡県吉田町立自彊小学校）。

　これまで，研究授業で配布される学習指導案は紙に印刷され，当日受付等で初めて手にし，学習指導案を確認しながら参観をする，というスタイルがほとんどであった。しかし，事前にクラウドで学習指導案の一覧が公開されていることで，授業参観者は，授業日前に参観する予定の学級の学習指導案を事前に確認し，余裕をもって参観することが可能になった。

　また，学習指導案を事前に確認できることと同時に，学習指導案を作成し

クラス		教科	単元名	学びプラン	
あすなろ	1組	生活単元	夏のお楽しみ会をしよう	☐あすなろ1組	【生単】
	3組	自立活動	スリーヒントクイズを作って、出し合おう	☐あすなろ3組	【自立】
通級	やまもも	自立活動	気持ちをコントロールしよう	▤通級（発達）	【自立】
	ことば	自立活動	かきくけこ名人になろう	☐通級（言葉）	【自立】
1年	1組	生活	きれいにさいてね	▤1年1組	【生活科】
	2組	生活	きれいにさいてね	▤1年2組	【生活】
2年	1組	国語	きせつのことば2『夏がいっぱい』	▤2年1組	【国語】
	2組	国語	きせつのことば2『夏がいっぱい』	▤2年2組	【国語】
3年	1組	社会	教えて！推しスーパーの魅力	☐3年1組	【社会】
	2組	国語	まいごのかぎのおもしろさを人に伝えよう	☐3年2組	【国語】
4年	1組	社会	ごみはどこへ～ごみ減らし隊への道～	☐4年1組	【社会】
	2組	国語	新聞を作ろう	▤4年2組	【国語】
5年	1組	書写	漢字どうしの大きさ	☐5年1組	【書写】
	2組	国語	説得力のある報告文を書こう	☐5年2組	【国語】
	3組	算数	どちらが速いか比べ方や表し方を考えよう	☐5年3組	【算数】
6年	1組	国語	聞いて、考えを深めよう	☐6年1組	【国語】

図14.2　クラウドで研究授業日前に公開された学習指導案の一覧

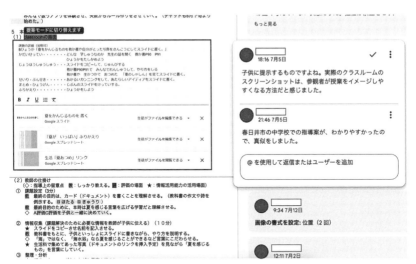

図 14.3　事前に参観者と授業者がコメントしあえる

た授業者に直接コメントすることができる。**図 14.3** では，参観者から「子供に提示するものですよね。実際の（Google）クラスルームのスクリーンショットは，参観者が授業をイメージしやすくなる方法だと感じました」とコメントしている。そのコメントに対して授業者からは「（愛知県）春日井市の中学校での指導案が，わかりやすかったので，真似をしました」と返信していることがわかる。

　この他にも，教師が子供に共有している Google Jam board や Google スプレッドシートが閲覧できるようになっている学習指導案や，学習の個別化が進む学級においては子供一人一人が学習を進めている様子がわかる Google ドキュメントや Google スライドを参照できるようになっている学習指導案もある。

　このように，GIGA スクール構想や中央教育審議会答申（2021 年 1 月）で示されている個別最適な学びと協働的な学びの一体的な充実を目指した学習では，子供一人一人が自己決定，自己選択する新たな学び方に変わっており，それに伴って，教師が作成してきた学習指導案の表現も変わってきている。

同時に，学習指導案の表現が変わることを通して，教師の学び方そのものにも変化が起きている。

［佐藤 和紀］

● **考えてみよう！** ─────────────────────────────

- ▶ 授業に取り組む学級の状況（学習規律や学び方の習得），学習環境，児童生徒の実態，授業を実施する予定の児童生徒の実態をできるだけ書き込んでみよう。教育実習の場合は，担任の教師に聞き取ったり，観察したりして書き込んでみよう。
- ▶ 表14.2の「出入り口分析シート」に，授業を実施する予定の教科・単元に関する事項をできるだけ細かく書き込んでみよう。
- ▶ 「出入り口分析シート」の書き込みをふまえて，表14.3の「授業構成検討シート」に授業を実施する予定の教科・単元に関する事項をできるだけ細かく書き込んでみよう。
- ▶ 上記をふまえて，学習指導案を作成してみよう。その際，「第3節　学習指導案をより良くするために」をよく読み，学習指導案を読み返し，改善しよう。
- ▶ 学習指導案を作成し，教員や友人にクラウドで共有してみよう。そして，クラウド上でコメントをもらったり，共同編集をしたりすることを通して，学習指導案がクラウドで共有されていることのよさを体験しよう。

─────────────────────────────────────

● **引用・参考文献**

市川伸一編（2008）『「教えて考えさせる授業」を創る─基礎基本の定着・深化・活用を促す「習得型」授業設計』図書文化

岡山県教育委員会（2013）「学習規律実践事例集」www.pref.okayama.jp/uploaded/life/353191_1820007_misc.pdf（2018.10.30. 最終閲覧）

釘持勉（2014）『プロの板書 基礎編』教育出版

斎藤喜博（1969）『教育学のすすめ』筑摩書房

佐藤正寿（2010）『「力をつける授業」成功の原則』ひまわり社

東京都教職員研修センター（2018）「学習指導案 小学校・中学校・高等学校の例」http://www.kyoiku-kensyu.metro.tokyo.jp（2018.10.30. 最終閲覧）

根本淳子・鈴木克明（2018）「インストラクショナルデザイン」篠原正典・荒木寿

友編著『教育の方法と技術』ミネルヴァ書房
藤本勇二（2012）「第 3 章　小学校での教育活動を理解する・実践する」小野賢太
　郎・小柳和喜雄・平井尊士・宮本浩治編著『教師を目指す人のための教育方法・
　技術論』学芸図書
堀田龍也監修，春日井市教育委員会・春日井市立出川小学校著（2015）『春日井
　市・出川小学校の取り組み　学習規律の徹底と ICT の有効活用』教育同人社
堀田龍也・佐藤和紀（2018）「教授・学習を成立させる教材・教具」篠原正典・荒
　木寿友編著『教育の方法と技術』ミネルヴァ書房
文部科学省（2010）「今，求められる力を高める総合的な学習の時間の展開（小学
　校編）」www.mext.go.jp/a_menu/shotou/sougou/1300434.htm（2018.10.30. 最終閲
　覧）
文部科学省（2017a）「小学校学習指導要領（平成 29 年告示）」
文部科学省（2017b）「小学校学習指導要領（平成 29 年告示）解説　総合的な学習の
　時間編」

※　本章第 1 節〜第 3 節は高橋編（2019）の第 15 章を修正のうえ再掲したものである。

索　引

教師のための教育学シリーズ
刊行にあたって

　学校教育の第一線を担っている教師たちは，現在，数々の大きな課題に直面しています。いじめ，不登校などの解決困難な教育課題への対応，主体的・協働的な学びへの期待，特別支援教育の充実，小学校外国語活動・英語の導入，道徳の教科化，ICT の活用などの新たな教育課題への対応，「チーム学校」への組織改革，保護者や地域住民との新しい協働関係の構築など課題が山積しています。

　本シリーズは，このような現代的な教育課題に対応できる専門性と指導力を備えた教師を育成するため，教職に関する理解を深めるとともに，その基盤となる教育学等の理論的知見を提供することを狙いとして企画されたものです。教師を目指す教職課程の学部生，大学院生，社会人などを主な対象としておりますが，単なる概説や基礎理論だけでなく，現代的な課題，発展的・専門的内容，最新の理論も取り込み，理論と実践の往還を図り，基礎から発展，応用への橋渡しを図ることを意図しています。

　本シリーズは，幼稚園，小学校，中学校，高等学校，特別支援学校など幅広く教員養成を行い，修士課程，教職大学院，博士課程を擁するわが国最大規模の教育研究機関であり，教育学研究の中核を担っている東京学芸大学の研究者教員により編まれました。教員有志により編集委員会をたちあげ，メンバーがそれぞれ各巻の編者となり，長期にわたり企画・編纂してまいりました。そして，本シリーズの趣旨に賛同いただいた学内外の気鋭の研究者の参画をえて，編者と執筆者が何度も議論を重ねながら一丸となってつくりあげたものです。

　優れた実践的指導力を備えた教師を目指す方々，教育学を深く学びたいと願う方々の期待に応え，我が国の教師教育の在り方において重要な道筋を示すものとなることを心から願っております。

　　　　　「教師のための教育学シリーズ編集委員会」を代表して　佐々木 幸寿

【監修】教師のための教育学シリーズ編集委員会

【編者】

高橋　純（たかはし　じゅん）
東京学芸大学教育学部教授。
1972年神奈川県横須賀市生まれ。修士（教育学），博士（工学）富山大学人間発達科学部准教授等を経て，現職。
中央教育審議会「教員養成部会」臨時委員（2019〜），中央教育審議会「デジタル学習基盤特別委員会」委員長代理（2023〜），文部科学省「今後の教育課程，学習指導及び学習評価等の在り方に関する有識者検討会」委員（2023〜），文部科学省「学校施設の在り方に関する調査研究協力者会議」委員（2022〜）等を歴任。第17回日本教育工学会研究奨励賞受賞。日本教育工学会理事，日本教育メディア学会理事，日本教育工学協会会長，独立行政法人教職員支援機構フェロー，東京都教育委員会委員など。
　（専攻）教育工学，教育方法学，教育の情報化に関する研究
　（主要図書）『学び続ける力と問題解決─シンキング・レンズ，シンキング・サイクル，そして探究へ』（東洋館出版，2022），『1人1台タブレットではじめる小学校ICTの授業づくり　超入門！』（共編著，明治図書，2021），『はじめての授業のデジタルトランスフォーメーション』（東洋館出版，2021）ほか。

教師のための教育学シリーズ13
教育方法と ICT

2023年11月10日　第一版第一刷発行
2024年 9 月20日　第一版第二刷発行

　　　　　　　　　　　　　　　　　　　編著者　高橋　純

発行者　田中　千津子　　〒153-0064　東京都目黒区下目黒3-6-1
　　　　　　　　　　　　電話　03（3715）1501 代
発行所　株式会社 学 文 社　　FAX 03（3715）2012
　　　　　　　　　　　　https://www.gakubunsha.com

© Jun TAKAHASHI 2023　　　　　　　　　　　印刷　新灯印刷
乱丁・落丁の場合は本社でお取替えします。
定価はカバーに表示。

ISBN 978-4-7620-3273-8

EDUCATIONAL STUDIES FOR TEACHERS SERIES

教師のための教育学シリーズ
＜全13巻＞

教師のための教育学シリーズ編集委員会　監修

優れた専門性と実践的指導力を備えた教師を育成するため，教育課程の概説のみならず，
教育学の理論や知見を提供するテキストシリーズ。

〈本シリーズの特徴〉

・優れた専門性と指導力を備えた教師として必要とされる学校教育に関する知識を教育学
　の理論や知見に基づいてわかりやすく解説。
・単なる概説ではなく，現代的な課題，発展的・専門的内容など先導的内容も扱う。
・教育学の基礎理論に加え，最新の理論も取り込み，理論と実践の往還を図る。

① 新版 **教職総論** 教師のための教育理論　大村 龍太郎・佐々木 幸寿 編著

② **教育の哲学・歴史**　古屋 恵太 編著

③ 新版 **学校法**　佐々木 幸寿 編著

④ **教育経営論**　末松 裕基 編著

⑤ **教育心理学**　糸井 尚子・上淵 寿 編著

⑥ **教育課程論** 第二版　山田 雅彦 編著

⑦ **教育方法とカリキュラム・マネジメント**　高橋 純 編著

⑧ **道徳教育論** 第二版　齋藤 嘉則 編著

⑨ **特別活動** 改訂二版 総合的な学習（探究）の時間とともに　林 尚示 編著

⑩ **生徒指導・進路指導** 第二版 理論と方法　林 尚示・伊藤 秀樹 編著

⑪ **子どもと教育と社会**　腰越 滋 編著

⑫ **教育実習論**　櫻井 眞治・矢嶋 昭雄・宮内 卓也 編著

⑬ **教育方法とICT** ※第7巻を改編　高橋 純 編著